SAID

DAS
NIEMANDSLAND
IST UNSERES

SAID

DAS NIEMANDSLAND IST UNSERES

West-östliche Betrachtungen

Diederichs

Der Abdruck von *ein kind auf der suche nach europa* erfolgt mit
freundlicher Genehmigung des C.H. Beck Verlages.

Mixed Sources
Product group from well-managed
forests and other controlled sources
Cert no. SA-COC-001819
www.fsc.org
© 1996 Forest Stewardship Council

Verlagsgruppe Random House FSC-DEU-0100
Das für dieses Buch verwendete FSC-zertifizierte Papier *EOS*
liefert Salzer, St. Pölten

© 2010 Diederichs Verlag, München
in der Verlagsgruppe Random House GmbH
Umschlaggestaltung: Weiss/Zembsch/Partner, Werkstatt/München
Covermotiv: © Isolde Ohlbaum
Druck und Bindung: CPI Moravia Books s.r.o., Pohorelice
Printed in Czech Republic
ISBN 978-3-424-35033-3

www.diederichs-verlag.de

Inhalt

pilgrim und bürger

haben meine hände versagt? warum sonst verstecken
sich die götter? gesucht habe ich sie, selbst in den heiligen büchern und in allen behausungen. wollte ich doch
jenem verlangen in meinen fingern nachgeben, das auf
etwas jenseits meiner augen hoffte. als jugendlicher
glaubte ich mit ganzem herzen an die gerechtigkeit auf
erden – als ob das genügen würde.

meiner kindheit verdanke ich eine freie haltung zu religionen. und es ist nicht entscheidend, was der er-
wachsene später räsoniert, sondern was das kind sieht,
riecht und hört. das huhn wird lebendig gekauft und zu
hause geschächtet. das tier gackert, zappelt, springt
umher – und verendet. das kind sieht auch die flagel-

lanten, die sich verletzungen beibringen. »das blut entscheidet über den gang der geschichte«, schrieb oswald spengler, als er vom untergang des abendlands sprach. später ist das kind schlafend in die fremde getragen worden. hier findet es seinen weg – bittere jahre folgen. schließlich siegt die islamische revolution im namen eines gottes; nahe freunde werden auf der flucht erschossen, exekutiert. die republik lässt den gott im wind stehen.

nun sieht sich der bürger gezwungen, seine religiosität vor den gläubigen zu schützen und vor deren republik. er sucht nach anderen göttern; als hätten diese nur auf ihn gewartet. die vernunft lässt er fallen, er will ja das dritte ufer erreichen – allen mahnungen albert camus' zum trotz: »wenn ich zwischen meiner mutter und der gerechtigkeit zu wählen habe, dann entscheide ich mich für meine mutter.«

indes, nach den wunden der islamischen revolution, sucht der pilger keine blendungen mehr, keine behausungen, nur schritte. sie tragen ihn fort, von fest gefügten göttern mit leicht stillbaren gelüsten. befriedigen will er seine götter nicht und schon gar nicht verstehen. meint er doch zu wissen, alles verstehen sei unzulänglich und münde in unterwerfung. begreifen will er sie mit den händen, wie man zum mantelsaum greift. dafür dürfen sie aus dem verborgenen agieren – ohne ausweis, ohne strichcode. in seinen renitenten gebeten berührt er zwar die einheit zwischen dem menschen und den göttern. doch er lässt sich davon nicht täuschen. er will das schlummernde berühren, er will den aufruhr – ohne das geheimnis der liebe preiszugeben.

die götter, die kommen und gehen, finden ihn eines tages. weder zückt der bürger das cartesianische messer, noch vermag er die dinge im unklaren zu lassen. der bürger entblößt sich und blickt in den tag, ohne zorn, ohne eile – bis die götter aus ihren löchern herauskriechen. sodann überwältigen sie ihn hinterrücks, wie fremde es tun – in einer von begierden getriebenen welt. und er hofft, dass sie den besiegten begreifen, mit dem unrat seiner träume und dem rest seiner sprache, der auf einen anderen tod wartet.

noch immer sucht der agnostiker mit viel kummer nach »großen niemals werbenden göttern«. zuweilen ahnt er, die suche allein sei die antwort. dann aber ist er überzeugt, seine religion habe etwas verbotenes an sich, den geruch von einem brandstifter. und er folgt dem aufruf des evangelisten: »aber nun, wer einen geldbeutel hat, der nehme ihn, desgleichen auch die tasche, und wer's nicht hat, verkaufe seinen mantel und kaufe ein schwert.«

das schwert gebiert die unruhe und diese die demut – aus der die revolte wächst. doch eine religion, die sich der befreiung verschreibt und die liebe vergisst, berührt nicht mehr die mysterien der menschlichen seele – und wird unnütz.

das brachland zwischen dem pilger und dem bürger will sich partout nicht entscheiden und sehnt sich immerfort nach einer saat. und der zögernde mund zwischen kain und abel kommt nicht umhin, das versteck des suchenden zu verraten. doch die götter meiden seine hände. denn sie wissen, diese verraten alles, was sie berühren.

der eine will durch das leben wandern, ohne sich der schönheit zu entziehen – er will seine begierden nicht überleben. der andere sucht, friert und verwendet sich noch immer – für die götter.

zuweilen – dies geschieht meist in dunkelheit – vereinigen sich die widerstreitenden brüder und schicken ein gebet gen himmel: herr, zeig mir die dinge, wie sie wirklich sind und achte auf meine hände.

ein blinder, zwei flüsse

»ab«, das persische wort für wasser, würde ich heute –
nach 40 jahren abwesenheit vom persischen sprach-
raum – mit zwei a schreiben: »aab«. auf das wasser
musste man im iran oft lange warten, und das zweite a
sollte die erwartungshaltung der durstenden wieder-
geben. denn die sprache ist immer die sprache der
durstenden, wenn sie keine folklore sein will. noch
immer hat das deutsche wort »durst« für mich keinen
vorgeschmack, keine konsequenz; dazu regnet es zu
oft in meinem deutschland. noch bis mitte der sechzigerjahre war es nichts außergewöhnliches, wenn ein
fremder an die tür klopfte und wasser verlangte. schon
aus ehrfurcht vor den eigenen religiösen gefühlen hätte niemand dem fremden diesen wunsch versagt. er

bekam das wasser, meist in einer blauen schale, die er wiederum aus ehrfurcht vor dem inhalt beidhändig hielt und an die lippen führte, nachdem er laut der schiitischen märtyrer gedacht hatte. waren doch diese heiligen märtyrer in der wüste von kerbela beinah verdurstet, bevor sie von den apostaten niedergemetzelt wurden.

bis heute assoziiere ich mit dem wort »aab« jene blaue schale und viel weniger den wasserhahn, der am ende einer auf der erde verlegten leitung inmitten der innenhöfe stand, einsam und nackt. das deutsche wort »wasser« hingegen erweckt in mir das bild eines rostfreien wasserhahns mit mischbatterie, aus dem man zu jeder zeit wie selbstverständlich wasser erhält.

»nan«, das persische wort für brot, hat auch heute – im zeitalter der digitalisierung – seinen archaisch-mystischen wert nicht verloren. noch heute sprechen bauern in ärmlichen gegenden vom brot, wenn sie abendessen meinen. in der zeit meiner kindheit war damit das iranische fladenbrot gemeint: geröstet, dünn und etwa 80 zentimeter lang. das kind kaufte das brot und trug es nach hause, wie eine kladde in der hand. die großmutter bestellte stets ein brot mehr als nötig.

wenn das kind vom bäcker zurückkam, musste es – so war es erzogen worden –, jedem nachbarn und bekannten brot anbieten. es wäre direkt unhöflich, dieses anbieten zu umgehen. der nachbar blieb stehen, brach eine ecke des brotes ab, steckte es in den mund, neigte den kopf und ging weiter. die großmutter schwor auf das brot, auf das verzehrte brot. morgens, wenn das kind in die schule musste, holte die großmutter das gestrige brot, inzwischen getrocknet, bespritzte es mit wasser, bis es wieder weich wurde, bestrich es mit schafskäse und rollte es zusammen; das kind steckte es in die schultasche neben die schulbücher und kladden. inzwischen kauft das kind in seinem deutschen exil ohnehin nur schwedisches knäckebrot; dieses braucht nicht mehr getrocknet zu werden. es ist immer gebrauchsfertig, wie vieles im norden, und völlig entzaubert.

in berlin, vor einigen jahren, saß ich im kreis iranischer freunde. ein griechischer freund war auch dabei und seine cousine, nancy, die gerade deutsch lernte. ein deutscher freund trat hinzu und wurde uns beiden, nancy und mir, vorgestellt. als er der jungen griechin die hand reichte und seinen namen nannte, stammelte

sie nur: »wolfgang, ausgang, eingang.« das laute ge-
lächter der anwesenden irritierte sie noch mehr. mir
wäre diese lautmalerische irritation schon nicht mehr
passiert. wolfgang ist für mich nur noch ein name und
hat keine verwandtschaft mit eingang oder ausgang. ist
der berühmte blick des fremden gänzlich verloren ge-
gangen?

»um zu bleiben / braucht man hier / zwei lungen /
für einen atemzug, / einen wurzelstock / für zwei erd-
klumpen, / zwei schatten / für eine sonne, / einen kuss
für zwei hände.«

seit jahren bin ich mit der deutschen sprache
konfrontiert. seit jenem grauen tag im november
1965 am flughafen frankfurt ist mir das tempo der
deutschen sprache in den eiligen schritten der passanten gegenwärtig. doch ich brauchte viele jahre, um
zu verstehen, dass das tempo dieser sprache bedeu-
tend langsamer ist als das meiner sprache. noch heute
habe ich diesen tempowechsel nicht gänzlich begrif-
fen – nicht wirklich, nicht körperlich – und spreche
das deutsche zu schnell, einer vergewaltigung gleich
für diese sprache. seit 1975, seit ich meine gedichte
auf deutsch schreibe, fühle ich mich als gast und ge-

fangener dieser sprache. gast, weil diese sprache mich aufgenommen hat, so gastlich sie konnte. gefangener, weil sie mir die möglichkeit geschenkt hat, mich auszudrücken: das heißt, meine freiheit zu suchen. seither kann ich die territorien der deutschen sprache nicht verlassen, ohne mich selbst zu verlassen. eine gefangenschaft, die wohl – hoffentlich – bis zum ende meines lebens währt. wie jeder gefangene schiele auch ich gelegentlich durch das gitter der grammatik auf jenes gefilde ohne regel – auf die muttersprache. und auch diese gefangenschaft verändert den blickpunkt und erweitert ihn zugleich. dennoch, der gefangene verliert seine eigene welt, seine alte, nicht; er konserviert sie. und somit wird er zu einem kompositum aus zwei welten, ein weltbürger ohne eigenes fenster: »ein blinder, / zwei flüsse ./ niemand altert / im niemandsland; / hier stirbt man nur. / die gehetzte sprache der verbannten / kennt keinen raum / für proportionen.«

der gefangene zieht vergleiche zwischen den beiden sprachen beinah zwanghaft – und in solchen momenten hasst er sich selbst. die trennbaren verben – die es im persischen nicht gibt – zwingen den zuhörer, das

ende des satzes abzuwarten, um den sinn mitzube-
kommen. rührt daher die außerhalb deutschlands
sprichwörtliche höflichkeit der deutschen? der iraner
mischt sich sofort ein, fällt seinem gesprächspartner
öfters ins wort. denn die persische grammatik bestimmt den platz des verbums immer an zweiter stelle
des satzes, unmittelbar nach dem substantiv. oder hat
das verhalten des iranischen zuhörers mehr mit demo-
kratischen gepflogenheiten zu tun, die im iran politisch bedingt nie langfristig zur entfaltung gekommen
sind? ich jedenfalls ertappe mich oft dabei, dass ich auf
persisch anders denke als auf deutsch. das dialogische
denken auf deutsch steht gegen das monologische
trachten im persischen. die logik der deutschen sprache gegen die mystik der persischen?

in der schule haben wir unter prügelstrafe gelernt,
nie das wort ich zu gebrauchen, sondern immer nur
wir; pluralis modestiae. das deutsche ich hingegen
kommt polternd daher und erfüllt den raum.

das ich des deutschen duzt sein gegenüber selten,
und wenn, dann nach exakten regeln. diese regeln deuten nicht nur auf gesellschaftliche konventionen hin;
sie verraten auch oft den dünkel, der dahinter verbor-

gen bleiben will. das persische neigt eher zum duzen und erlaubt gar eine zwischenform, irgendwo zwischen du und sie, von der grammatik gerade geduldet, in der gesellschaft weit verbreitet. zugleich erlaubt das persische die form, den gesprächspartner in dritter person singular anzusprechen. eine form, die im deutschen wohl seit der aufklärung verschwunden ist. soll man hier voreilig den viel bemühten schluss ziehen, jenes land und jene sprache, die ich noch als meine bezeichne, haben keine aufklärung durchgemacht? wird dieses vermeintliche defizit der aufklärung nicht aufgewogen durch die iranische mystik? jene bewegung, die ausgehend vom islam, den persönlichen weg zu gott und zu seiner schönheit sucht?

als ich angefangen hatte, meine gedichte auf deutsch zu schreiben, kamen meine landsleute und fragten, warum ich meine gedichte in dieser »hässlichen« sprache schreibe, und nicht in unserer schönen muttersprache? ich pflegte dann eine platte aufzulegen, gedichte von rilke und mörike, mit der stimme des unvergesslichen oskar werner. selbst wenn meine gäste kein wort deutsch konnten; sie waren elektrisiert durch die wirkung dieser sprache. woher aber diese blinde liebe für die muttersprache? wer keine andere sprache kann; wie kann er überhaupt behaupten, seine muttersprache sei schön? in einer fremden sprache kann man alles nachholen, bis auf die kindheit, die laute der kindheit, die eine geborgenheit bieten. eine geborgenheit, die für spätere jahre entscheidend sein wird – auch und besonders sprachlich. denn die wortgrenze der vernunft ist bald erreicht in einer fremden sprache. heute noch, wenn man mich unsanft weckt, ist das erste wort, das mein mund entlässt, ein persisches. genauso wie das persische für mich die sprache des flüsterns ist, immer noch, auch wenn meine geliebte deutsche ist und kein wort persisch kann. auch hier ein eingeständnis an die kindheit und an die hingeflüsterte muttersprache.

das persische schlendert daher, braucht mehr zeit und raum. das deutsche visiert mit dem verb das ziel an. der iraner »trägt hunger« – in zeiten der not –, der deutsche hungert. das persische ist verschämt und drückt sich oft herum: »sardchane«, eigentlich nur »der kälteraum« für das direkte, vielleicht zu direkte deutsche wort »leichenhaus«.

noch heute geht es mir so, dass das persische freier, wilder mit mir umspringt. das deutsche verlangt, auch von seinem gast, eine ordnung, um nicht zu sagen zucht; denn ich muss schon beim ersten satz an die grammatik denken – nicht so wenn ich persisch spreche. das persische ergreift mich; zum deutschen greife ich. jede von diesen sprachen übt ihren zwang auf mich aus. das deutsche gebietet, präzis zu sein und zielstrebig, als hätte es ewig keine zeit. das persische lässt mir auf seinem wege zeit, um bilder einzufangen und sie wiederzugeben, auch wenn sie die prüfung nach unbedingter notwendigkeit nicht überstanden hätten. jede schenkt mir einen anderen freiraum. das deutsche den handlungsraum der verben, das persische den ausgedehnten raum des slangs, des idioms. denn der unterschied zwischen dem bühnenpersisch und dem straßenpersisch ist hundertfach größer als im deutschen.

in jeder sprache kehrt man heim oder man bewegt sich fort – von zu hause. eines tages würde ich gerne im persischen heimkehren. bis dahin aber bewege ich mich fort, im deutschen. wo aber trägt mich meine gastsprache hin? zu einer staatenunabhängigen, von ihr und mir skizzierten freiheit. diese bewegung und ihr ziel sind meine einzigen besitztümer in der deutschen sprache; und die werde ich verteidigen mit allen mitteln, trotz grammatikalischer und phonetischer klippen.

hafis, du entschlüsselst alle geheimnisse

»wir gingen langsam die schahnas-avenue hinauf. am
eingang armenistans hatte sich wie jeden abend eine
handvoll bettler um ein petroleumöfchen versammelt.
es waren klapprige alte gespenster, von kälte geschüttelt,
von der syphilis zerstört, spitzfindig, aber heiter. sie
brieten sich ein paar rüben, die sie in den feldern aus-
gegraben hatten, wärmten die hände über der flamme
und sangen. das iranische volk ist das poetischste der
welt, und die bettler von täbris können die verse von
hafis, die von liebe, von mystischem wein, von maien-
sonne in den weidenbäumen singen, zu hunderten
auswendig. je nach laune pflegten sie, sie zu rezitieren,
laut hinauszubrüllen oder vor sich hinzusingen; wenn
die kälte gar zu sehr zwickte, murmelten sie bloß. ein

rezitator löste den anderen ab; das ging so bis zum tagesanbruch.«

so der junge schweizer autor nicolas bouvier, der iran in den fünzigerjahren bereiste, in seinem faszinierenden buch »die erfahrung der welt«. und bouvier weiß um noch eine eigenschaft seines dichters. hafis als schutzmacht: »es ist unmöglich, seinen wagen zu parkieren, ohne dass ein bandit auftaucht, der sich anbietet, ihn für einen halben toman zu ›bewachen‹. du tust gut daran, auf den handel einzugehen, sonst kann es leicht passieren, dass der wächter in deiner abwesenheit die luft aus den reifen lässt oder mit dem reserverad in richtung basar verschwindet, wo du es dann zurückkaufen kannst. im grunde genommen sind sie hilfreich. zu beginn lehnten wir ab. wir waren knapp, ein toman zählte. wir dachten auch, unser wagen sei zu armselig. nun, eines schönen tages fanden wir ihn mitten auf dem trottoir wieder. sie mussten mindestens zu sechst gewesen sein, um ihn unter den augen der gaffer und lacher über den rinnstein zu heben. doch bis auf dieses eine mal haben die diebe ihn immer verschont; zweifellos dank der strophe von hafis, die wir auf persisch auf die linke tür hatten schreiben lassen:

kein sichers dach für die nacht
und dein ziel ist noch weit,
doch wisse, es ist kein weg ohne ende.
sei nicht betrübt!

hafis nimmt die fremden, die ihn nicht einmal im original lesen können, vor den einheimischen in schutz. selbst der dieb hat einen ungeheuerlichen respekt vor dem dichter und seinem wort.

seit ich mich erinnern kann, war hafis bei uns im haus zugegen. sein diwan stand, in dickem, dunklem samt eingeschlagen, im wohnzimmer auf der wandnische. sichtbar wie eine ikone, die tröstet. man orakelt mit hafis wie einst im abendland mit vergil, als die bibel noch im morgenland weilte und kein markenzeichen für den okzident geworden war. man wäscht seine hände, wie für das gebet; mit unreinen händen greift niemand zu hafis. man führt seinen diwan an den mund und küsst ihn ehrerbietig. dann schließt man die augen und teilt hafis seine bitte mit: »oh, hafis von schiras, du entschlüsselst alle geheimnisse. ich beschwöre dich, um der zuckerlippen deiner geliebten, um deiner nacht der offenbarung willen, mir zu antworten.« man öffnet das buch mit geschlossenen augen. dann liest man das ghasel laut und vollständig. hafis antwortet. nichts entgeht hafis und wer sich ihm öffnet, dem offenbart sich hafis.

> *an hafis*
> *was alle wollen, weißt du schon*
> *und hast es wohl verstanden:*
> *denn sehnsucht hält, von staub zu thron,*
> *uns all in strengen banden.*

so johann wolfgang von goethe über hafis. doch versteht man seine antworten heute noch? wenn ja, dann erhebt sich die frage: ist die persische sprache seither stehen geblieben? hat sie sich nicht entwickelt? die wahrheit ist prosaisch: hafis spricht auch die straße an. vollkommen im sinne von friedrich hölderlin, der jahrhunderte später schrieb: »die sprache der liebenden sei die sprache des landes.«

aber will man hafis überhaupt verstehen? oder will man seinen hafis nur begreifen und ihm gehorchen, dem propheten ohne strafbataillon? hafis ist ein seltsames geheimnis, das zugleich alle geheimnisse

entschlüsselt. wenn der leser ein gedicht von hafis be-
tritt, so mutiert er zu einem neuen wesen. vorausge-
setzt: er legt seine vermummung ab und tritt hafis
nackt unter die augen. mag der leser erst auch glauben,
dass hafis kraft seiner mächtigen sprache ihn an den
rand drängt; er wird dennoch – ohne es zu merken – in
die mitte dieses kosmos geleitet.

davon weiß auch goethe zu berichten:

dass du nicht enden kannst, das macht dich groß,
und dass du nie beginnst, das ist dein los.
dein lied ist drehend wie das sterngewölbe,
anfang und ende immerfort dasselbe,
und was die mitte bringt, ist offenbar
das, was zu ende bleibt und anfangs war.

es gibt wohl kaum ein buch in iran, von dem so viele
versionen existieren, die sich zum teil widersprechen.
es sind allein etwa tausend handschriftliche fassungen
des diwan in privaten und öffentlichen bibliotheken
der welt registriert. keine zwei davon sind im hinblick
auf die anzahl und reihenfolge der ghaselen identisch.
hafis hat zu seinen lebzeiten seine gedichte nie geord-

net oder herausgebracht. erst nach seinem tode (um das jahr 1390) haben seine jünger sich ereifert, einen diwan von hafis herauszubringen. diese tendenz – fast möchte ich sagen: dieser manische zwang – hält bis heute an. wer in der iranischen literaturszene etwas zu sagen hat, der hat auch einen hafis-diwan veröffentlicht – darunter auch mullahs.

wer aber ist dieser barfüßige, der seit jahrhunderten durch die epochen der iranischen geschichte wandert wie eine blanke metapher. der das jüngste gericht verneint, den gott »liebe« und den teufel »vernunft« nennt. der den machthabern trotzt, die prediger der lüge und die frömmler der heuchelei bezichtigt?

jene mahner, die auf kanzeln
sich gebärden mit gepränge,
handeln anders im geheimen,
als sie reden vor der menge.

wer ist dieser mann, den die ganze welt mit seinem nom de plume kennt?

mohammed schemseddin, sage,
warum hat dein volk, das hehre,
hafis dich genannt?

ich ehre,
ich erwidre deine frage.
weil in glücklichem gedächtnis
des korans geweiht vermächtnis
unverändert ich verwahre
und damit so fromm gebare,
dass gemeinen tages schlechtnis
weder mich noch die berühret,
die propheten-wort und -samen
schätzen, wie es sich gebühret –
darum gab man mir den namen.

johann wolfgang von goethe geht mit diesem fiktiven dialog auf seinen dichterkollegen zu.

ein dichter, der trinkt, singt, lobpreist, mitunter auch den gott, zuweilen gar sich selbst und seine lieder.

ich sag es laut und öffentlich
und freue mich dabei:

ich bin der liebe sklav', und drum
von beiden welten frei.

ein mann, der seine stadt schiras nie verlassen hat und dennoch bereits zu lebzeiten in weiten breiten gelesen wurde. bis hin zu arabischen ebenen, indien, kaschmir, bengalen und in den kulturmetropolen seiner zeit: samarkand, buchara und taschkent – im persischen original.

araber, inder, türken und mongolen
zu hafis' glauben noch bekehren sich.

aus weimar meldet sich der unerschütterliche sekundant, um die worte des meisters zu bestätigen:

weiß der sänger, dieser viere
urgewaltgen stoff zu mischen,
hafis gleich wird er die völker
ewig freuen und erfrischen.

wer ist dieser mann, dessen diwan in ärmeren häusern oft das einzige buch neben dem koran ist? und niemand stößt sich daran. die zwei propheten vertragen sich. wenn da nicht die grimmigen statthalter gottes wären, die in der maske einer revolution, einer islamischen, in iran die macht ergriffen haben.

fragt man einen gebildeten iraner nach lebensdaten von hafis, lächelt er. vielleicht antwortet er gar mit einer zeile aus dessen feder. die hafisologie ist eine erfindung der orientalistik, die ihn mehr ordnet. iranisten, orientalisten, islamwissenschaftler und sonstige zweitverwerter interpretieren hafis, wie sie wollen. der sowjetische iranist braginskij machte aus dem dichter gar einen sozialrevolutionär. hafis aber steht beiseite und lächelt:

hier ein jeder seine angebetete sucht.

der gemeine iraner liebt ihn. er berührt seinen hafis. allein der geheimrat hat unter der schar der europäischen hafis-verehrer diesen wirklich erfasst. fasziniert von den übersetzungen von hammer-purgstall, die 1812/1813 erschienen waren, eröffnete der 60-jährige dichter sich eine neue welt – in einem dialog über die jahrhunderte hinweg mit hafis.

offenbar geheimnis

sie haben dich, heiliger hafis,
die mystische zunge genannt
und haben, die wortgelehrten,
den wert des wortes nicht erkannt.

mystisch heißest du ihnen,
weil sie närrisches bei dir denken
und ihren unlautern wein
in deinem namen verschenken.

du aber bist mystisch rein,
weil sie dich nicht verstehn,
der du, ohne fromm zu sein, selig bist!
das wollen sie dir nicht zugestehn.

seine dichtung voll blühender metaphern, hoher mystik und leidenschaftlicher liebeskraft beflügelte goethe im herbst seines lebens, nach einer schweren schaffenskrise, zu dem genialen wurf »west-östlicher diwan«. goethe schrieb im juni 1818 an ottilie:

die wirkung dieser gedichte empfindest du ganz
richtig, ihre bestimmung ist, uns von der gegen-
wart abzulösen und uns für den augenblick dem
gefühl nach in eine grenzenlose freiheit zu verset-
zen. dies ist zu einer jeden zeit wohltätig, beson-
ders zu der unseren.

selten hören wir den geheimrat so schwärmerisch von freiheit sprechen. hafis hat goethe den rahmen gelie-fert, damit sich der alternde dichter noch einmal aus-tobe. er war der resonanzkasten für den weimarer klas-siker. hafis ist in goethe eingewandert, und goethe in hafis. und es gelang dem genius, den ton hafisscher dichtung zu erspüren.

verstehen heißt, dasjenige, was ein anderer aus-
gesprochen hat, aus sich selbst zu entwickeln.

dank dieser erhabenen haltung und mit dem alphabet des weltgeists nähert sich goethe hafis.

der diwan beginnt mit diesen zeilen:

nord und west und süd zersplittern,
throne bersten, reiche zittern.

weitab von der hierarchie der kontinente beginnt goethe, um einige zeilen später zu sagen:

gottes ist der orient!
gottes ist der okzident!
nord- und südliches gelände
ruht im frieden seiner hände.

doch der alternde dichterfürst geht dann einen schritt weiter:

herrlich ist der orient
übers mittelmeer gedrungen;
nur wer hafis liebt und kennt,
weiß, was calderon gesungen.

goethe vergleicht nicht, wertet nicht. er sucht nur den bogen, der das gebäude der weltkultur zusammenhält

– beseelt von jener erkenntnis, dass kulturen sich stets gestützt haben, auch und besonders in der zeit der kriege. entbrannt durch die liebe, verbindet der geheimrat mit diesen zeilen zwei kontinente.

die geschichte hat den beiden großen lyrikern einen sehr glücklichen moment vergönnt – gerade weil goethe eine schaffenskrise hatte. dank dieser schwäche war er empfänglich für hafis. ohne zu wissen, ja gar ohne zu wollen, hat er wie ein mystiker gehandelt. in dem moment der schwäche hat er sich nach außen geöffnet. dank dieser souveränität, fern jeder nachäfferei und jeder gönnerhaftigkeit, pilgert der universelle geist von weimar nach schiras:

hafis hat mich wieder fleißig besucht.

um dann mit jener bescheidenheit, die nur großen dichtern eigen ist, zu sagen:

hafis, dir sich gleich zu stellen,
welch ein wahn!

was aber wissen wir konkret von hafis? praktisch nichts. nicht einmal die genauen geburtsdaten und todesdaten. auch seine familienverhältnisse sind uns nicht bekannt. er soll verheiratet gewesen sein und auch einen sohn gehabt haben. hafis ist um 1320 in schiras geboren. kurz danach ist dante alighieri in ravenna gestorben. hafis ist noch ein jüngling, als meister eckhart sein »rechtfertigungsbuch« herausbringt und dafür von der inquisition verfolgt wird. hafis verdiente sein brot bei einem teigmacher, während er gleichzeitig von einem tuchhändler zum dichten angeregt wurde. schon in jungen jahren befasste er sich intensiv mit persischer und arabischer poesie, mit theologie und koranexegese. eine zeit lang lehrte er an einer medrese, einer islamischen hochschule. mehr wissen wir nicht von seinem leben; der rest liegt im dunklen. ist es ein zufall, dass der dichter aus dem verborgenen agiert, wie propheten? nein! denn das dunkle ist ein bestandteil der mystischen poesie. der mystiker muss nicht alles wissen, um das wesentliche zu begreifen. er versucht alles mit dem herzen zu verstehen. die mystik ist eine besondere form der religiosität, bei der der mensch durch hingabe und versenkung zur persönlichen vereinigung mit gott zu gelangen sucht. »lessan al-gheib«, *die sprache der verborgenen,* nennen iraner ihren dichter. er soll ihnen die offenbarungen deuten.

*wollen wir den unterschied zwischen poeten und
propheten näher andeuten, so sagen wir: beyde
sind von einem gott ergriffen und befeuert, der poet
aber vergeudet die ihm verliehene gabe im genuss,
um genuss hervorzubringen, er sucht mannigfaltig
zu seyn, sich in gesinnung und darstellung gränzen-
los zu zeigen. der prophet hingegen sieht nur auf
einen einzigen bestimmten zweck; irgendeine lehre
will er verkünden und, wie um eine standarte,
durch sie und um sie die völker versammeln. hierzu
bedarf es nur, dass die welt glaube, er muss also
eintönig werden und bleiben. denn das mannig-
faltige glaubt man nicht, man sieht es.*

goethe scheint von der nähe zum propheten überzeugt zu sein. auch hafis legt uns das nahe, indem er behauptet, er habe bei einem heiligen schrein in schiras himmlisches brot erhalten: aus der hand von ali – dem gründer des schiismus und schwiegersohn des propheten.

und die stimme, die an jenem
tage ich so froh vernommen,
sprach: glück auf! – dir, der geduldig
trug, die man ihm schlug, die wunden.

also doch ein prophet, der sein eigenes berufungser-
lebnis in einem ghasel besingt! ist dieser dichter denn
nicht höher zu stellen als der prophet, der ja des lesens
und schreibens nicht kundig war? hafis bekennt sich zu
seiner berufung und besingt sich selbst:

morgens kam von gottes throne
stimmschwall; und der verstand sprache:
traun, das tönt, als rezitierten
engel hafisens gesänge.

ist dieser mann muslim?

wenn islam gott ergeben heißt
in islam leben und sterben wir alle.

stellt goethe kategorisch fest. welchem islam huldigt
aber hafis? gewiss nicht dem islam, den man heute als

eine soziale vogelscheuche auf dem feld der öffentlichkeit aufgestellt hat. mit jenem mystischen abstand verstand hafis den islam als einen der wege, die zu gott führen.

> *wenn das der islam ist, was hafis ausübt,*
> *wehe uns beim jüngsten gericht.*

um dann an einer anderen stelle seines diwans sich selbst folgendes zu verschreiben:

> *hafis, deine pflicht ist zu beten*
> *unbekümmert, ob du erhört wirst oder nicht.*

sollen wir den dichter beim wort nehmen? diesen fehler begehen wir nicht. denn er verneint sich gerne. wie jeder große geist. ist der heilige hafis, wie ihn goethe nennt, nicht zu groß für eine religion? ist der islam nicht ein teil seiner gedichte? hat sein weimarer kollege nicht recht, wenn er schreibt:

> *frage nicht durch welche pforte*
> *du in gottes stadt gekommen.*

hafis trinkt wein und meint, er tränke mit diesem seine erkenntnis.

hafis, das geheimnis gottes kennt kein mensch,
o schweige nur!
wen willst du darüber fragen, uns und allen,
was geschah?

wie soll man nun diesen geist einordnen? mit den wissenschaftlich klar umrissenen schubladen kommen wir nicht weiter. wir ersuchen hafis um hilfe:

deine liebe wird ein schrei, wenn du wie hafis
den koran auswendig kennst in 14 versionen.

der islam ist »nur« sein ausgangspunkt, die poesie sein pfad; das ziel immer die liebe. das gilt für alle religionen. man kann nicht gott lieben, aber seine geschöpfe hassen oder gar töten – im namen desselben gottes. diese wahrheit ist seit den tagen von hafis nicht gealtert.

und der liebe sind moscheen wie
christenkirchen aufgetan.

hafis gehorcht der liebe, und betet dadurch zu seinem gott. er nennt sich ja selbst »ketzer der liebe«. seine sehnsucht nach der gottheit ist mystisch und erotisch. wie die christlichen choräle und deren funktion im mittelalter. gott ist ja für den glaubenden und liebenden – ist denn eine unterscheidung überhaupt statthaft? – der inbegriff aller schönheit. fast bin ich geneigt, an dieser stelle noch ein sakrileg zu begehen. hafis wollte – in seinen studien – ein teil gottes werden: das metaphysische ziel aller mystiker. dann ist aber gott ein teil von hafis geworden – in seinen gedichten. und hafis ruht in seinen gedichten – wie in einem betrachtungsgebet – im einklang mit seinem gott:

gottlob, dass noch ein jedes ding,
das ich von gott begehrt,
wenn ernstlich ich danach gestrebt,
mir immer ward gewährt!

der ketzer der liebe erinnert uns stark an den heiligen augustinus und seinen versuch, das christentum von seinem verhängsvollen dualismus zu befreien: »liebe – und tue, was du willst«, sagt der heilige. und hafis fügt hinzu:

o lass den pfaffen reden. lausche du
der nachtigall; sie predigt:
liebe, liebe.

doch wie nahmen die herrschenden diesen ketzer auf, zu jenen finsteren zeiten? einige waren gönner der poesie und förderten hafis. andere wiederum hatten mehr sinn für blutrünstige justizakte und schrieben nebenher auch gedichte. einmal aber fiel hafis tief in ungnade bei einem fürsten. dieser beauftragte dann einen mufti, eine fatwa gegen hafis auszuarbeiten, ein religiös-juristisches gutachten. nota bene: wir erinnern uns an jene fatwa, die ayatollah chomeini 1989 gegen salman rushdie und sein buch »satanische verse« erlassen hatte. die geschichte wiederholt sich. oder anders ausgedrückt: es führt eine gerade linie des fanatismus bis zum heutigen tage. doch zurück zu hafis. ihn rettete die vermittlung eines freundes vor der fatwa, die dann doch nicht ausgestellt wurde.

fetwa

hafis' dichterzüge, sie bezeichnen
ausgemachte wahrheit unauslöschlich;
aber hie und da auch kleinigkeiten
außerhalb der grenze des gesetzes.
willst du sicher gehn, so musst du wissen
schlangengift und theriak zu sondern –
doch der reinen wollust edler handlung
sich mit frohem mut zu überlassen
und vor solcher, der nur ewge pein folgt,
mit besonnenem sinn sich zu verwahren,
ist gewiss das beste, um nicht zu fehlen.
dieses schrieb der arme ebusuud,
gott verzei' ihm seine sünden alle.

diese worte aus dem »west-östlichen diwan« zeugen
von der kenntnis goethes von jener affäre.

zu zeiten von hafis wurde persien vom mongolen-
fürst tamerlan überfallen, dessen grausamer ruf ihm
vorauseilte. allein bei der eroberung von baghdad, der
größten stadt jener zeit, soll timur 800.000 menschen
massakriert haben. die legende berichtet von der be-

gegnung zwischen hafis und dem sieger. der dichter bekannte offen, er könne die steuer nicht zahlen, die ihm von tamerlan auferlegt wurde. tamerlan – offenbar ein verehrer von hafis – konterte, habe nicht der dichter selbst in einem ghasel behauptet:

trüge von schiras der schöne türke
mein herz als raub in seiner hand,
ich weihte seinem inder-male
buchara gern und samarkand!

ein dichter mit dieser großzügigkeit müsse imstande sein, seine steuer zu zahlen. hafis erwiderte: eben wegen seiner verschwendungssucht sei er mittellos!

wehmütig müssen wir an jene zeit denken, in der der mongolische soldat die gedichte hafis' auswendig kannte – wohlgemerkt in einer femdsprache. heute sprechen die machthaber in iran nur eine art persisch. wie recht joseph roth hatte, als er sagte: »der letzte diktator, der seine muttersprache beherrschte, war julius caesar.«

hafis aber dient keinem fürsten und eroberer. er dient nicht einmal gott; er führt eine zwiesprache mit ihm – bestenfalls. er vermittelt nur. zwischen ihm und seinen lesern. zwischen den sehenden und den blinden. wollte aber hafis je von der masse verstanden werden? er, der das individuum und die liebe besang? oft nannte er in seinen gedichten »den anderen«, den uneingeweihten – nicht jeder findet zu hafis.

erst wenn du vertraut bist, hörst du das geheimnis
wiederholt grenzt er sich ab:
o hafis! kennt wohl der pöbel
großer perlen zahlwert?
gib die köstlichen juwelen
nur den eingeweihten.

friedrich hölderlin – dieser deutscheste aller deutschen dichter, wie ihn ein biograf nennt – traf jahrzehnte später hafis, als er schrieb:

menschenbeifall
ist nicht heilig mein herz, schöneren lebens voll,
seit ich liebe? warum achtetet ihr mich mehr,
da ich stolzer und wilder,
wortereicher und leerer war?

ach! der menge gefällt, was auf den marktplatz taugt,
und es ehret der knecht nur den gewaltsamen;
an das göttliche glauben
die allein, die es selber sind.

in seinem werk ist hafis kein systematiker. seine ghaselen zeichnen sich dadurch aus, dass sie inhaltlich inkohärent sind. will sagen: nicht logisch. er denkt mit der seele:

mit meinem herzen hadert die vernunft.

er denkt durch seine gedichte. hafis weiß, die welt ist vergänglich. jede rose führt zum tod, aus dessen staub sie entsprießt.

komm, weil der hoffnung schlösser
so leicht und luftig sind,
bring wein! denn das gebäude
des lebens ruht auf wind.

so glaubt hafis an nichts; er lebt und liebt – das ist sein credo.

ich, und dem wein entsagen!
was soll das sagen sein?
sollt' ich so unverständig
in alten tagen sein?

als hafis starb, verhinderten die mullahs, dass er in einem muslimischen friedhof in schiras begraben wurde – denn er war ja ein abtrünniger, ein ketzer und gotteslästerer:

ich sah einen mufti trunken in der schenke
ich sagte ihm: gelobt sei dein islam.

hafis wurde außerhalb der stadt begraben. heute ist sein grab eine nationale wallfahrtsstätte.

oh, lenkt nicht von hafisens grab
die schritte: ob sich's auch erwiese,
dass er voll sünden sank hinab:
er geht doch ein zum paradiese.

hier treffen sich heute noch liebende, orakeln mit hafis für ihre liebe und hoffen auf bessere antworten als die der gesellschaft und die der regierungen.

verliebte später tage, naht euch
dem grab des hafis ohne furcht. der pfaffe
verdammte mich: es kümmert euch nicht!

ich war 14 jahre alt, als ich zum ersten mal das grab von hafis besuchte. mein vater, offizier der armee, zog seine stiefel aus: »mein sohn, man geht nicht zu hafis, man pilgert dorthin.«

zur wallfahrtsstätte wird mein grab einst werden
für alle echten erben dieser welt.
aus himmlischen gefilden dann schaut hafis
lächelnd hernieder auf der pilger schar.

bei hafis angelangt, saßen wir auf den knien und harrten in der stille. bis ein derwisch vorbeikam. mein vater bat ihn, für uns zu orakeln.

ein derwisch für hafis? auch hammer-purgstall, der erste übersetzer von hafis, hatte zum ersten mal in istanbul gehört, wie ein derwisch für einen analphabeten hafis gelesen hatte.

wohlbemerkt auf persisch. offensichtlich waren damals verschiedene sprachen in einem land kein problem – lange bevor der slogan »multikulturelle gesellschaft« erfunden wurde. der nationalstaat hatte noch keine barrieren gebaut zwischen den menschen. als er dem derwisch lauschte, fasste der österreichische baron spontan den entschluss, das werk des iranischen dichters ins deutsche zu übersetzen.

hafis wirkte auf seine übersetzer wie ein hartnäckiger virus, der den befallenen kaum mehr verlässt. das gilt auch für friedrich rückert, den wohl populärsten seiner übersetzer. auch wenn rückert recht eigenwillig mit seinem hafis umging. zuweilen lehnte er einige ghaselen ab, die seien ja nicht von hafis, hafis könne nie so etwas geschrieben haben.

viele der deutschen dichter wagten sich an hafis heran. august von platen zum beispiel. der sprössling einer verarmten adelsfamilie, der durch ganz europa unruhig umherzog, bis er dann 1835 in syrakus starb.

wohl mit hafis darf ich sagen:
ewig trunken ist mein mut!
nimmer könnt' ich es ertragen,
diesem rausche zu entsagen,
dieser liebe, dieser glut!

er ist zweifelsohne der lyrischste der hafis-übersetzer, der den ton am ehesten getroffen hat.

hafis beflügelte von platen zu einer reihe von herrlichen ghaselen:

> *wach auf, wach auf! o hafis, wir lieben den wein,*
> *wie du;*
> *den reim, wir runden, reih'n ihn und reichen ihn*
> *rein, wie du;*
> *wir betten gern im hain uns, auf rosen und am*
> *jasmin,*
> *im rausche ziehn heraus wir, im rausche hinein,*
> *wie du;*
> *wir schleudern weg den koran, der heilige gluten*
> *dämpft,*
> *so zügellos, so standhaft im lieben zu sein, wie du;*
> *besäßen wir samarkand, besäßen bochara wir,*
> *dem liebchen schenkten's gern wir, – vergäß' es das*
> *nein – wie du;*
> *wir schwören ew'gen leichtsinn, und ewige trunken-*
> *heit,*
> *was fehlte dem, der treu hält den liebesverein, wie*
> *du?*

wir schlichen lange gramvoll und kummergebeugt
umsonst,
nun lassen wir im kelchglas zurücke die pein,
wie du;
auch unsre zunge rühmt sich des mystischen
wortes laut:
wer seelenspiegel sein will, verschmähe den schein,
wie du.

der haltlose, unruhige lyriker suchte zuflucht und heil bei hafis:

der orient ist abgetan,
nun seht die form als unsere an.

wie schön und groß wäre es, wenn diese prophezeiung sich erfüllt hätte. doch es blieb bei einem frommen wunsch. der okzident hörte nicht auf platen und wollte fortan nichts vom orient lernen. und der orient? er wollte vom okzident nur die technischen errungen-schaften übernehmen.

hafis offenbart sich jedem, dem bettler genauso wie goethe. und auch dem nobelpreisträger des jahres

1913, rabindranath tagore; dichter, philosoph, musiker und zeichner aus kalkutta. als tagore wieder einmal von europa in sein indien zurückkehrte, landete er im jahre 1932 – der subkontinent war noch eine kolonie der englischen krone – mit dem schiff im hafen von buschehr, im süden irans. von hier aus fuhr er mit dem auto die 300 kilometer nach schiras, um zu hafis zu pilgern. dort angelangt, bat tagore einen derwisch, für ihn zu orakeln. tagore, der iranischen kultur und hafis verbunden, sprach aber nicht persisch. als der dolmetscher die erste zeile übersetzte:

der verlorene sohn kommt nach hause,
verzage nicht!

brach tagore in tränen aus: »es genügt, ich kenne den ghasel. jetzt weiß ich, dass indien bald ein freies land sein wird.« die zwei männer trafen sich über jahrhunderte und kontinente.

tagore hat die freiheit indiens nicht erlebt. doch er ist in der gewissheit gestorben, dass sein land frei sein wird – hat ihm hafis dies doch versprochen.

wie ein ozean steht hafis jedem zur verfügung.

und er fragt nicht, wer aus ihm zu welchem zweck wasser schöpft – nicht einmal unreine hände können diesen ozean trüben.

ich erinnere mich gut an die anfangszeit der islamischen revolution in iran, noch weilte der schah im
lande, isoliert, verängstigt. revolutionsplakate wurden
an den geduldigen mauern teherans angebracht. darauf
das konterfei vom schah und das von chomeini. darunter eine zeile von hafis:

wenn der dämon verschwindet, erscheint der engel.

wer ein engel ist, bestimmt oft die geschichte. am vora-
bend der islamischen revolution erschien vielen ayatollah chomeini als engel. als dann die mullahs ihre
macht mit einem beispiellosen terror befestigt hatten,
zeigten sie ihr wahres gesicht. sie griffen hafis an, den
weintrinker, den abtrünnigen. der wortführer dieser
attacken war ayatollah mottahari, ein hafis-kenner und
der vorzeigeintellektuelle der mullahs. kaum wurde
seine polemik – ein werk von 80 seiten – veröffentlicht,
da erhoben sich die jünger hafis'. in einem zweibän-
digen werk von über 900 seiten mit dem programma-

tischen titel »in verteidigung hafis'« folgte die vernicht-
ende antwort. nota bene: ayatollah mottahari hatte
auch einen hafis-diwan herausgebracht. bald aber kam
der krieg, wie immer nach einer revolution. der irak
überfiel iran. und »der heilige kampf zur rettung des
vaterlandes« begann. fortan schmückte eine zeile von
hafis als motto die wochenzeitung der revolutionsgar-
disten – die die hauptlast des krieges mit einem un-
glaublichen einsatz trugen:

besessen musst du sein vor dem ersten schritt.

die islamische revolution suchte unterstützung bei
einem dichter, den sie kurz zuvor verdammt hatte, und
der lange tot war, aber nie in die vergessenheit ver-
bannt wurde. und der dichter ist groß und großzügig,
er nimmt viele auf – auf seine weise. meinen großvater
zum beispiel. am ende seines lebens war er völlig verar-
mt. er zog sich zurück zu seiner großen liebe, zu hafis.
hier gab es einfache behausungen, in denen die flüch-
tigen leben konnten – ohne eine miete zu zahlen. eine
gemeinnützige stiftung sorgte dafür; diese wurde von
vermögenden hafis-verehrern ins leben gerufen. die, die

hier lebten, kannten die geldgeber nicht. eine begegnung fand nicht statt. die vermittler, die alles regelten, nannten sich »diener hafis'«. mein großvater ist schließlich dort gestorben. mein vater hat davon erst postum erfahren. selbst für sein begräbnis kam hafis auf.

der heilige hafis bietet nicht nur armen und flüchtenden eine zuflucht an. er verbindet auch, kontinente, jahrzehnte, vor allem aber menschen – jenseits sozialer hierarchien und des dünkels. mein vater war einige jahre mitglied eines lesekreises. hier wurde hafis gelesen – einmal in der woche. lehrer, angestellte, bäcker, professoren, offiziere, landfahrer waren mitglieder dieses kreises. sie trafen sich um hafis und nannten sich: hafis ergebene.

ja, man muss sich hafis ergeben, um seine gnade zu erfahren. so will es der göttliche. und er kümmert sich nicht darum, was die nachwelt über ihn sagt. oder ahnte der prophet, was sein zwillingsbruder über ihn schreibt:

und mag die ganze welt versinken,
hafis, mit dir, mit dir allein
will ich wetteifern! lust und pein

sei uns, den zwillingen, gemein!
wie du zu lieben und zu trinken,
das soll mein stolz, mein leben sein.

ich, jesus von nazareth

war nie könig über ein volk; weil ich nie herrschen wollte. denn ich verabscheue regierungen und truppen, geheimdienste, folterer und gefängnisse. ich, der ich nie gesalbt war, weil ich auf diese zweifelhafte ehrung verzichtet habe, um ein barfüßiger jude zu bleiben, der umherzieht und von liebe erzählt.

ich, geboren in armut und verendet in hochmut, werde euch nackt erscheinen, nur mit einem lendentuch geschützt vor euren aufgerissenen augen. wahrlich, ich sage euch, ihr werdet das fürchten lernen, wenn ich auferstehe. und ich auferstehe immer, sooft es mir nötig erscheint. eure armeen, wie stark sie auch sein mögen, ich werde sie fortpusten. eure wachen, die ihr gegen mich aufgestellt habt – samt euren priestern, gesetzgebern und politikern. sie alle vermögen nichts gegen meine stimme, wenn sie die neue welt verkündet. fortgerissen von der welle der entrüstung landen sie auf der müllhalde der geschichte, neben halbherzigen, gottesverkäufern und den ewig frommen, die das trennende suchen.

mir gehen keine engel voraus, die euch warnen. meine engel, die ich seit meiner kreuzigung auf die erde geschickt habe, weinten vor verzweiflung, als sie mir von euch berichteten. da wusste ich, dass der tag meiner ankunft naht. und als ich das kreuz verließ, habe ich alle meine kameraden mitgenommen, die an das kreuz geschlagen worden waren. angefangen beim sklavenführer spartacus bis hin zu patrice lumumba, jenem schwarzen messias, der sowohl an recht wie auch an freiheit glauben wollte – bis er in säure aufgelöst wurde. dann werden wir eure götter aus talmigold verjagen, die ihr euch erdacht habt, um mich zu vergessen. götter, deren ränder abgeschabt sind wie eure seelen. das gold werde ich verschmelzen zu einer flüssigkeit und euch in die kehlen schütten; auf dass eure verstopfung sich löse. mein wird die verkündigung sein und die rache; auf dass eine neue sonne einen neuen tag bringe.

und man frage mich nicht, was ich all die zeit machte an jenem kreuz. ich habe euch betrachtet. wer mich um jene zeit gekannt hat, der hat mich geliebt. und der weiß, dass meine schönheit von müheloser natur ist – zugänglich für alle.

eine formation von wölfen geht meinen schritten voraus mit leuchtenden augen, die selbst in der dunkelheit euer falsch erspähen. gaukler und vertriebene verkünden meine botschaft in einer sprache, die selbst für zikaden und margeriten zu entschlüsseln ist. huren reißen sich die kleider vom leib und verschenken ihren körper an vorbeiziehende. denn sie ahnen nun, da kömmt einer, der der hurerei ein ende setzt.

ich habe mein kreuz verlassen, um nach euch zu schauen. aber ich kehre dorthin zurück, wenn ich in eure welt meine unordnung gebracht habe. dort erwartet mich mein älterer bruder, der vor mir den aufstand gewagt und das kreuz mit seinem leib geadelt hat. vorerst aber zertrample ich alles, was ihr in eurer gier gebaut habt. dann rufe ich: wer einen mantel hat, der verkaufe ihn für ein schwert – für den tag der erlösung. denn ich bin gekommen, euch zu erregen. ich werde euch jagen wie fasane und euch vor mir hertreiben samt euren habseligkeiten. ich lehre euch das fürchten, indem ich eure moral und eure keuschheit für nichtig erkläre. blut wird fließen und die scheidegrenze sein zwischen uns. und ich sage euch: ich, jesus von nazareth, brauche keine flügel und keinen jünger; ich erreiche euch auch so. dann schaffe ich die raster ab: eure kardinäle, bischöfe, priester und sonstige mitesser an meiner seele. und abermals werde ich die geldwechsler aus den tempeln jagen, aus allen tempeln – ungeachtet der religionen. denn ich, jesus von nazareth, der gesandte gottes, ich bin empfänglich für alle zungen. kein kopftuch, kein schleier, kein kreuz, keine haube, keine klagemauer; ich komme barfuß und benötige kein gehäuse. und deswegen knie ich vor niemandem und will niemanden vor mir knien sehen.

und ich brauche nur in einen fluss zu schauen, um mich von eurem siechtum zu überzeugen, und davon, dass ihr meine ganze erbarmungslosigkeit verdient habt. denn meine träume berühren euch nicht; da ihr keinen eigenen horizont habt. was ihr braucht, ist eine gebetsmühle; doch damit will ich nicht mehr dienen.

ich wandere stets und brauche für meine wege unerschütterliche weggefährten. denn ich bin der weg, die wahrheit und das leben. oder glaubt einer von euch, das leben bestünde aus kontoauszügen oder regierungsbeschlüssen? eure gewächshäuser voll künstlichem licht können euch nicht retten; meine sonne wird sie schmelzen. die tageslilien erscheinen, um meine hände zu liebkosen, während meine bärtigen engel das schwert zücken gegen eure jämmerlichen entschuldigungen. denn ich kenne eure ausreden. ihr wart bestialisch als sieger und jämmerlich als besiegte. und deswegen versteht ihr nur die sprache des blutes. das ist meine antwort auf euer treiben seit mehr als 2000 jahren. hernach kommt der passat und weht den gestank von euren resten fort. erst dann können wir atmen, wenn das blut der kleinherzigen geflossen ist. fortan scheint meine sonne nur für gerechte; denn es gibt keinen ungerechten mehr und keinen unglücklichen.

ich auferstehe und zertrümmere eure heiligen kartenhäuser, eure bigotterien. diese werden den sturm meines glaubens nicht überstehen. doch jeden nackten leib, der nach einer umarmung strebt, werde ich segnen. ich werde der schutzengel der liebenden sein, ohne rücksicht auf eure scheinheiligkeit. denn ich bin gekommen, um eine neue liebe zu verkünden – hier auf erden. mit hungernden und spatzen zusammen, mit huren und gauklern, mit bettlern und kranken werde ich dann beten für euch und dafür, dass die neue welt eure mittelmäßigkeit übersteht. ich werde euer brot essen und euer wasser trinken. und wenn ihr mir dieses verweigert, dann knie ich und bete allein gen himmel. der landregen stillt dann meinen Durst, der wind der ebene trägt mir brot an. wenn ich dann eure potemkinschen dörfer zerstört habe, wird meine seele eine brücke sein zwischen euren erstarrten leibern und einem ewig fließenden gott. mein leib erträgt fortan eure schritte und empfängt eure schmährufe – denn ich habe ein drittes ohr. jenes, das mir am kreuz gewachsen ist; da mein gott mich nicht allein lassen wollte. jenes ohr, das nun auch das wehende hört, in der ebene und hinter den wassern.

wahrlich ihr habt mich missverstanden im garten von gethsemane. nicht schwert, aber brot für alle, war meine botschaft. die botschaft jenes kusses. der kuss eines jüngers, der im judasbaum geendet ist. nicht weil er mich, sondern weil er sich verraten hat. die revolte ist erloschen mit seinem leben. denn er war der einzige, der sie mit mir teilte. ihr seid mir gefolgt, ohne feuer, nur mit euren gebeten. er aber, der jenen kuss in gethsemane verschenkte, wollte mit mir das feuer teilen und die revolte – wir sind jedoch gescheitert an euren lauen seelen.

auch den garten von gethsemane, diesen ort meines triumphes, werde ich zerstören. wir brauchen neue gärten und neue verräter, ohne silberlinge. meine auferstehung ist eine zärtliche und radikale annäherung an den menschen, ohne tiara, ohne purpur. ich brauche citoyens, die nicht auf das gesetz achten, aber tadellos kämpfen für die gerechtigkeit. bis unser verlangen jedem klar ist: keine paläste mehr, keine hütten, ein licht für alle. und dieses unbesiegbare licht werde ich sein, jesus von nazareth, sohn einfacher leute.

hernach vergehen eure kleinen portablen götter vor scham. bis auf einen gott aus müll und silberlingen, der auf euer überleben achtet – das wichtigste für eure seelen. vielleicht gestatte ich euch, diesen einen gott zu behalten, denn ich bin auch voller erbarmen. dafür werfe ich eure bücher ins feuer, die ihr auswendig gelernt habt und orakele fortan nur bei den heiligen büchern der zugvögel, die neues von der sonne zu berichten haben.

nach mir kommt keiner mehr. und der, der vor mir gekommen ist, der die sonne wollte – ich bin es nicht wert, seine schuhe zu binden. denn jener sklavenrebell diente ebenfalls der liebe, wenn auch mit anderen mitteln. nun aber ist die zeit gekommen für neue waffen. nicht der friede, nicht das schwert, sondern brüderlichkeit – aufrecht und klar wie unsere sonne. und ich werde euch neue augen schenken für meine alte wahrheit. auf dass ihr die sonne seht, die euch blendet. mich aber werdet ihr nicht erkennen. denn ich werde sein bürger und pilgrim, brandstifter und retter. und ich werde meine taten zelebrieren, marodierend von haus zu haus mit einem neuen lied auf den lippen.

dann bin ich ungezähmt in jedem munde, bis die heuchler und bigotten verstummen. sodann werde ich alle farben abschaffen, bis ihr das gesetz der liebe begreift. hernach werdet ihr selbst die schönsten farben der erde erzeugen, auch ohne mich. denn jede liebe ohne falsch verdient die farbe, die sie hervorbringt.

ich aber bin nicht jener schlaffe schönling, den ihr an das kreuz verkauft habt. jene pomadisierte figurine, die ihre arme breitet in milder geste, mit einem weibischen blick. ich, jesus von nazareth, bin der apostel der gerechtigkeit, hier und jetzt. ich bin der weg und die befreiung. und ich verkünde das neue licht – zur not auch ohne euch. ich, der sohn eines jüdischen handwerkers und einer jüdischen mutter; kein gottessohn.

ihr habt mich auf dieses podest gehoben, um mich meiner subversiven kraft zu berauben. doch ich auferstehe und widerspreche euch. denn ich bin der, der ich bin. und ich verrate alle, die mich verehren. wer glaubt, sich im schatten meiner wunden auszuruhen, den ereilt meine gerechte antwort.

ich bin eurer falschheit müde; und daher auferstehe ich, jeden tag, jede minute. allein das konterfei der bigotten genügt, dann auferstehe ich und mache tabula rasa. wahrlich, ich verrate jeden von euch, wenn er nur ein bürger ist. und wer mehr ist, der bleibe in meiner nähe. wie jener jünger im garten von gethsemane, dessen kuss ich liebte und das feuer hinter seinen lippen – beide dienten dem aufruhr. wäre ich bei ihm geblieben, trotz der überzahl der römischen soldaten, dann wären wir beide umhergezogen wie brandstifter, hätten alle häuser entzündet, auf dass eine neue behausung entsteht – würdig für den menschen. ich, jesus von nazareth, bin sohn einfacher leute; pharisäer haben mich »sohn gottes« genannt. ich verabscheue euch und eure etiketten. ich bin ein einfacher brandstifter wie judas.

ich bin der, der ich bin, ein würdiger nachfolger von spartacus, der mir den weg gewiesen hat. dort bin ich geendet. vermeintlich hat mich mein gott verlassen. doch ich bin dort gereift, an jenem kreuz. und ich bin wiedergeboren aus der finsternis und dränge daher stets nach licht. und der suchende benötigt mehr als nur worte – taten braucht er wie licht auf seinem weg.

ich war, bin und werde sein wie ein messias, mit oder ohne kreuz: denn auch ich will eine neue welt. und auch ich achte in der stunde der wahrheit nicht auf die stimme der vernunft. und auch ich werde eure werte auf den kopf stellen und auf den scheiterhaufen werfen! ich auferstehe, um eine neue haltung zu bringen. ich auferstehe gegen alle vernunft. und wer mir folgt, sollte seine bescheidene vernunftration am wegesrande liegen lassen und mit mir auf das licht hoffen. mein name ist schlachtruf, denn ich nähre den aufstand.

ich bin verworfen, verspottet und gekreuzigt worden; doch niemand hat mich besiegt. denn ich auferstehe wieder gegen die erlöser, die ihr euch in euren armseligen stuben ausgedacht habt, um mich vergessen zu machen. doch mein name ist revolte und ich nehme keine kenntnis von scham, wenn ich auferstehe. dann nämlich ist euer fleisch nur eine illusion für euer gemüt. ich aber bin das fleisch, das gemüt und der weg.

die zeit – eure zeit – wird meine verbündete sein. sie eilt herbei und führt euch an das ungereimte – vor dem ihr euch so fürchtet. die zeit – meine zeit – wird euch gänzlich verderben; auf dass ein neuer anfang möglich werde. dann wird die stunde der auferstehung sein, die stunde der verwesung. die stunde, in der ihr die schwingungen aufnehmt, die meine stimme in euren leibern hervorruft. hernach wandle ich in euren reihen, liebe euch und das leben, ohne angst; fortan gibt es keine sünde mehr und keine erbsünde.

ich aber bleibe licht und fragment – nicht unfehlbar und niemandem gehorsam abverlangend. es genügt, wenn ihr euch treu bleibt und das innere tragen ernst nehmt. bis ihr euch vor jedem fließenden wasser verneigt und vor jedem mond, der an euch vorbeizieht.

doch ihr werdet mein erscheinen bereuen. denn ihr habt die erde nicht gewürdigt, die euch ernährte und zur not auch eure reste aufnahm. und ihr habt die sonne nicht gewürdigt, die euch wärmte und zur not auch verbrannte. wart ihr doch weise in euren augen und hieltet euch für sehr klug – so verblendet wart ihr von eurer herrlichkeit.

so verblendet, dass ihr die fremdlinge mit hass aufgenommen und deren recht gebeugt habt – dieser frevel wird euch verfolgen bis zum tag meiner ankunft. diese ist wahrlich kein leckerbissen für euch, denn ihr verratet mich schon seit mehr denn 2000 jahren. obgleich meine jünger euch stets gewarnt haben. »ihr habt gehört, dass gesagt worden ist: du sollst deinen nächsten lieben und deinen feind hassen.«

und ich, jesus von nazareth, vor dem ihr zittert, verlangte von euch, täter des worts zu sein und nicht hörer allein. habt ihr danach gehandelt? oder habt ihr geduldig jede ungerechtigkeit ertragen und euch auf den sohn gottes bezogen, der kommen wird und alles für euch erledigt? habe ich nicht oft genug gesagt, dass jede rebellion berechtigt ist? wie könntet ihr das vergessen angesichts meines wortes, verkündet durch meinen jünger matthäus: »ich bin nicht gekommen, frieden zu bringen, sondern das schwert.«

wohl deswegen habt ihr mich so oft bedrängt, um meinem schwert zu entgehen, doch ihr habt mich nie überwältigt; denn ich habe mich selbst nie verraten. und ich habe jeden verrat vorausgesehen, noch bevor er geplant war. »siehe, der mich verrät, ist nahe.« ihr aber habt versucht, aus mir einen blauäugigen parzival zu machen, den jeder verraten und verkaufen kann. doch ihr habt mein wort vergessen und dass es zündet, bis es blut geworden ist und euch von innen besiegt – dies wird meine unbarmherzige antwort sein auf eure frevel.

doch ich werde gerecht sein, ohne aber auf eure gesetze zu achten; erlassen von gesättigten. die einfältigen werde ich vielleicht verschonen. denn sie sind im gegensatz zu euch nicht fähig, die wahrheit mäßig zu entstellen – weil sie vom gebot der liebe erfüllt sind.

ich werde auferstehen und euch unsanft wecken; denn ich kenne eure träume. aber ich werde niemanden von euch zwingen, mir zu glauben. denn ich glaube an einen künftigen weg der menschen, der alles bisherige schamlos machen wird. und an die zeit, meine einzige waffe gegen euer kurzes gedächtnis. denn ihr vergesst so gerne, dass ihr dingen nachgelaufen seid wie kinder den murmeln.

und wenn ich auferstehe, fühlt sich die ordnung herausgefordert und will euer gesetz verletzen. mein gesetz aber ist verlangen und dieses kann keine ordnung brechen. dann verbrenne ich eure städte, gehe in die hügel und beginne mit der suche, von neuem.

und ich befehle euch: seht auf die liebenden, liebet sie und haltet durch. dann verbindet meine sprache den weisesten von euch mit meinem esel, und diesen mit den vögeln der luft und die wiederum mit dem wolf der steppe. ich werde euch befehlen, eure kleider abzulegen auf dem marktplatz und jage euch nackt vor eurem vieh in die ebene. bewacht von wölfen, die seit längerem mit mir reisen. wölfe, die beten, ohne rechnen zu können. und wenn euch abermals der zweifel überkommt, bevor ihr mich wieder verratet, so schlage ich in die hände: forellen verlassen den fluss, um einmal die schnauze meiner wölfe zu küssen. und meine hände werden frei sein wie meine füße. meine zunge wird frei sein wie stets und sie trägt das kostbare »nein« noch mit sich. jenes »nein«, das mich an euer kreuz gebracht und mich für immer befreit hat von euren schäbigen vorstellungen.

wer von euch, sagt mir, wer von euch hat in der langen zeit meiner abwesenheit das schwert geschliffen für den tag der befreiung? was schweigt und lügt ihr wieder? ihr wisst, dass ich eure wahrheiten kenne.

dieses mal lasse ich es nicht zu, dass ihr mich wieder an das kreuz schlagt, nur weil mein anlitz allein eure augen blendet. barfüßige werden mich schützen vor euch und vor eurer falschheit. und ich verhökere dann meine wundmale auf dem jahrmarkt und mache mich auf den weg. denn ich bin der verlorene sohn, der immer heimkehrt. ich bin ahasver, der weg und das leben. und wenn ich auferstehe, dann bin ich jung und wild, närrisch und weise, unbekümmert um euch, stets besorgt um uns. ich erscheine euch grob, mystisch, nackt; und ihr werdet erschrecken, denn ich liebe die menschen dienstbar und loyal.

meinetwegen könnt ihr mich diesmal an den pranger stellen und zu tode spucken; die leere in euch füllt auch diese tat nicht aus. und ich werde an eurem pranger mein letztes gebet murmeln. darin berühre ich, zum ersten mal, das geheimnis der einheit zwischen mensch und gott. ich werde sterben, bevor ihr sterbt. dennoch, ich werde nichts verraten von euch. und ich lasse mich auch nicht von gott täuschen. denn ich begehre nichts – nicht einmal seine liebe. ich neige mich auch nicht vor ihm und nicht vor seiner negation. ich rufe nur meine liebe in die welt hinaus, bis sie zum aufruhr wird und euch erfasst.

über toleranz

meine kindheit verbrachte ich in einem islamischen land, in einer liberalen familie. mein vater übte keine religion aus und zwang mich auch zu keiner; aber meine großmutter war tief religiös, während meine cousine, die mit uns lebte, mit sehr kurzen röcken zur universität ging. einmal, ein einziges mal, hat die großmutter geklagt: »mädchen! denke an gott und auch an die jungen männer auf der straße!«, und wir lebten weiter. die großmutter saß mit der cousine am abendtisch. »convivencia« nennt man das wohl. ein begriff aus der zeit der mauren in spanien, als mehrere religionen nebeneinander lebten.

dann verschlug mich das leben hierher, im alter von 17. wie ein kind, das schlafend fortgetragen wurde.

nun lebt das kind seit 40 jahren in europa, auf dem kleinsten kontinent dieser erde. hier hat es zuflucht gefunden vor zwei diktaturen, vor der diktatur des schahs und vor der von chomeini. ohne seinen traum je zu vergessen: ein nebeneinander der menschen, die sich gegenseitig respektieren. daraus könnte unter günstigen historischen umständen dann ein miteinander erwachsen.

und dieses kind übersieht nicht, wie reich es von diesem kontinent beschenkt worden ist: das kind kann hier frei denken, seine gedanken frei äußern und arbeiten. und dieses europa erlaubt ihm sogar, nach eigener fasson unglücklich zu sein. aber schon der halbwüchsige in teheran wusste, europa bedeutet freiheit. und heute achtet der gealterte flüchtling darauf, freiheit nicht mit toleranz zu verwechseln. denn in europa spricht man gerne und oft von toleranz.

»toleranz sollte nur eine vorübergehende gesinnung sein; sie muss zur anerkennung führen. dulden heißt beleidigen.« der dies schrieb, johann wolfgang von goethe, schlug eine grandiose kulturelle brücke zwischen okzident und orient – ohne arroganz, gönnerhaftigkeit und aufrechnerei. toleranz ist also kein zustand, sondern eine ausgangsposition; vielmehr eine bewegung. wir müssen uns aufeinander zubewegen; der stillstand gebiert zuweilen nur indifferenz oder gar schlimmere fantasien. wenn jemand sagt, er sei tolerant, dann habe ich das gefühl, er demonstriere mir nur seine gleichgültigkeit, ohne in irgendeiner weise an mir teilzunehmen. eine situation, die oft in ghettoisierung mündet.

ich spreche bewusst von individuen; denn toleranz ist keine staatliche angelegenheit. ein staat kann nur demokratisch sein. toleranz ist das anliegen der gesellschaft; und diese besteht bekanntlich auch aus individuen – der rest ist haltung oder meinung. so verwechseln wir zuweilen toleranz mit aufklärung. wie oft höre ich diese phrase – meist mit einem unerträglich gönnerhaften pathos: »im orient hat es keine aufklärung gegeben, darin liegt seine misere.«

deutschland hat sehr früh die aufklärung für sich entdeckt – nicht zuletzt durch die schriften von immanuel kant – und ermordete dennoch 6 millionen menschen. ein mord, der generalstabsmäßig geplant und industriell durchgeführt wurde. frankreich hat 1789 die aufklärung auf das banner der revolution geschrieben und dennoch im krieg gegen algerien eine brutale fratze gezeigt, die seine demokraten tief verletzte; kannten sie doch nicht diese seite ihres vaterlands. wer also behauptet, aufklärung münde zwangsläufig in toleranz, der unterstreicht lediglich seine blauäugigkeit.

wäre aber die aufklärung überhaupt denkbar ohne nächstenliebe? ohne eine religiosität? ohne jene demut, die alle religionen auszeichnet und den menschen bereichert? ich beeile mich, festzustellen, dass religionen intolerant sind, sobald sie sich durch ein geschlossenes system definieren, das sich dann nach außen wehren muss – eine religiöse haltung aber braucht kein gehäuse. im luftleeren raum kann man toleranz auch nicht begreifen; auch sie ist dem diktat der zeit und ihren bisweilen bestialischen launen unterworfen.

wie tolerant wäre zum beispiel die französische bevölkerung gegenüber millionen von schwarzafrikanern, die in frankreich leben, wenn einmal in frankreich der hunger ausbräche? könnte dann die dünne membrane der zivilisation frankreich vor einem weißen kannibalismus schützen? und, da toleranz keine fertigware ist, die man auf dem regal eines supermarktes vorfindet, so müssen wir nach ihrer herkunft fragen. sie wird letztlich in einem aufrichtigen und ständigen dialog mit dem andersdenkenden geboren. ich meine einen dialog, der grundsätzliche differenzen nicht ausschließt und keinem konflikt aus dem wege geht – dabei aber stets den streitpartner respektiert, ohne dass eigene positionen aufgegeben werden. dieser dialog bedeutet teilnahme an dem anderen.

doch wir ringen um eine haltung – als voraussetzung für jenen dialog –, die niemand besser formuliert hat als der französische philosoph michel de montaigne: »man muss sich den anderen hingeben, um sich selbst treu zu bleiben.«

afschane

den ort sucht man heute vergebens auf der landkarte. wie viele städte ist auch diese vergangen; die geschichte hat ihren eigenen lauf. afschane lag bei buchara, in der provinz usbekistan. dort ist im jahre 980 abd allāh ibn sīnā geboren, den die europäer avicenna nennen. elf jahre zuvor war die al-azhar-universität in kairo gegründet worden. seit mehr als 250 jahren herrschten die mauren in spanien.

ibn sina war arzt, physiker, philosoph, jurist, mathematiker, astronom und alchemist. damals keine seltenheit; die gelehrten standen nicht unter dem druck der frühspezialisierung. sein vater, ein ismailitischer beamter, zog bald nach buchara, in die kulturmetropole. hier erhielt avicenna unterricht im koran und in persischer literatur. arabisch, die heilige sprache, und persisch, seine muttersprache, begleiteten ihn zeit seines lebens. oft wechselte er von einer in die andere sprache – nach bedarf und nach materie. auch das ein zeichen der zeit, die die sprache noch nicht als eine nationale komponente benutzte – auch nicht im okzident. war es in al-andaluz unter der arabischen herrschaft anders?

die griechische philosophie war bis zum 12. jahrhundert im lateinischen mittelalter nur fragmentarisch bekannt. erst in der maurischen epoche wurde sie ins arabische übersetzt, dann an der kathedralschule des erzbischofs von toledo ins lateinische übertragen. beinah zeitgleich wurden in baghdad unter der herrschaft von harun ar-raschid mathematische, medizinische, astronomische und philosophische texte aus dem sanskrit, dem persischen, besonders aber aus dem griechischen ins arabische übertragen.

die wechselwirkung zwischen toledo und baghdad ist indikativ – durch die berührung mit der griechischen philosophie und den beiden anderen monotheistischen religionen öffnete sich der islam. kein wunder, dass dann die kontroverstheologie aufblühte.

haben zu jener zeit nicht alle drei religionen demonstriert, dass es auch nebeneinander geht? war al-andaluz nicht der erste versuch für ein modernes europa?

»seine liebe ist meine religion und seine bleibe ist meine kaaba; / sein anblick ist meine pilgerfahrt und seine erinnerung ist mein koran«, schrieb ibn iaf. und sein jüdischer kollege und zeitgenosse, yĕhuda ha-lewi, sekundierte beinah zur gleichen zeit: »meine tora ist die tora der liebe, / von ihr will ich mich nicht abwenden, / denn der hauch der myrrhe weht in mir, / seit den tagen der jugend atme ich danach./ wenn sein wasser bitter ist, sauge ich es ein, / oder wenn es süß ist, begehre ich danach.« ha-lewi schrieb übrigens seine philosophischen abhandlungen auf arabisch.

bereits im alter von zehn jahren konnte ibn sina den koran auswendig – die befähigung für höhere studien. wer das heilige buch gelernt hat, hat auch die arabische grammatik erlernt, die den sinn schärft. was in europa griechisch und später latein war, war im orient arabisch. während der nächsten jahre studierte avicenna autodidaktisch jura, philosophie und logik. es ist überliefert, dass der junge student sich besonders mit den 13 lehrbüchern euklids auseinandersetzte, in denen das damalige wissen zur mathematik zusammengefasst war. von einem gemüsehändler soll ibn sina das indische rechnen gelernt haben; das rechensystem wird heute noch im bazar vieler städte verwendet.

im alter von 17 wendete er sich der medizin zu und studierte sowohl ihre theorie als auch die praxis. die heilkunst soll er als »nicht schwierig« bezeichnet haben. nebenbei vertiefte sich avicenna in metaphysische probleme, besonders in die werke aristoteles' – der griechische philosoph wird den jungen wissenschaftler nie mehr verlassen. im jahre 1002 verließ ibn sina buchara; sein ruf als guter arzt ging ihm voraus. er wanderte westwärts. ohne pass, ohne visum. den nationalstaat – eine europäische erfindung – gab es damals noch nicht. und auch keine eindimensionalen politiker, die die passfrage zu einem politikum machten. heute bräuchte der moderne mensch in einer globalisierten welt für jene wanderung mindestens einen pass und einige visa.

nach vielen stationen kam ibn sina nach gorgan, nahe dem kaspischen meer. hier hielt er vorlesungen in logik, astronomie und begann sein medizinisches hauptwerk zu schreiben: »der kanon«. nur zweihundert jahre später übersetzte gerhard von cremona den kanon der medizin ins lateinische. in der muttersprache des autors erschien das werk knapp tausend jahre später. ausgerechnet die islamische republik, die den philosophen avicenna mit sicherheit verjagt hätte, veröffentlichte mit großem getöse sein werk.

doch dann geriet avicenna in europa in vergessenheit. nach der reconquista 1492 mussten 200.000 sephardim spanien verlassen. 1502 folgten 900.000 muslime. fortan war europa hautsächlich mit sich selbst beschäftigt und mit seinem ruf als »christliches abendland« – die selbstbetrachtung dauerte lang. es ist ernst bloch, der ibn sina für eine moderne auseinandersetzung in philosophischen fragen wiederentdeckte.

doch bleiben wir bei der heilkunst. »der kanon der medizin« ist bei weitem das berühmteste von ibn sinas werken. hier vereint er griechische, römische und arabische traditionen. nach einem kapitel über allgemeine prinzipien der medizin folgt eine sensation: eine alphabetische auflistung von arzneimitteln und ihrer wirkung. »die materia medica« enthält 760 medikamente mit angaben zu deren anwendung und wirksamkeit. ibn sina war der erste, der regeln aufstellte, wie ein neues medikament zu prüfen sei, bevor es patienten verabreicht wird. im kanon wird die wichtigkeit von diäten, der einfluss des klimas und der umwelt auf die gesundheit und der chirurgische gebrauch von oraler anästhesie betont. avicenna rät chirurgen, krebs in seinen frühesten stadien zu behandeln und sicherzustellen, dass alles kranke gewebe entfernt worden ist. er ist der erste arzt, der das herz als pumpe auffasst – bis heute eine gängige redewendung in der medizin.

er bemerkte die enge beziehung zwischen gefühlen und dem körperlichen zustand. auch befasste er sich mit der physischen und psychischen wirkung der musik auf patienten. wie es heißt, hat er die krankheit des prinzen von gorgan diagnostiziert, der bettlägerig war und dessen leiden die örtlichen ärzte verwirrte. avicenna bemerkte ein flattern im puls des prinzen, als er die adresse und den namen seiner geliebten erwähnte. der arzt ordnete eine einfache therapie an: der kranke sollte mit seiner geliebten vereint werden.

von gorgan wanderte ibn sina nach rey in der nähe des heutigen teheran, dort gründete er eine medizinische praxis und verfasste 30 kurze werke. dann wurde die stadt wieder einmal von irgendeinem kriegerischen fürst belagert. avicenna flüchtete nach hamedan, nordwestlich von teheran. hier wurde er leibarzt und medizinischer berater des emirs. sein leben in jener zeit soll äußerst anstrengend gewesen sein; tagsüber war er mit den diensten für den emir beschäftigt, während er einen großen teil der nächte mit vorlesungen und dem diktieren seiner bücher verbrachte. studenten sammelten sich in seinem haus, um ausschnitte aus seinem philosophischen hauptwerk zu lesen, »die heilung«. nach dem tod des emirs von hamedan bot avicenna dem herrscher isfahans seine dienste an; es ist das jahr 1024. er verbrachte seine letzten jahre im dienst dieses herrn, den er in wissenschaftlichen und literarischen fragen beriet.

im jahre 1036, fünf jahre nach dem sturz des letzten chalifen in cordoba, verließ ibn sina isfahan. freunde rieten ihm, sich zu schonen und ein gemäßigtes leben zu führen, aber das entsprach nicht seinem charakter. »ich habe lieber ein kurzes leben in fülle als ein karges langes leben«, antwortete er und zog sich nach hamedan zurück. berichtet wird von seinem ausschweifenden lebenswandel; sein ruf als praktizierender epikureer war weit verbreitet. ein jahr später, im juni 1037, starb er im alter von 57 jahren.

es wird behauptet, dass ibn sina 21 haupt- und 24 nebenwerke in philosophie, medizin, theologie, geometrie, astronomie und anderen gebieten vollendet hat – auf arabisch. auf persisch gibt es eine auswahl philosophischer traktate und eine kurze abhandlung über den puls. er soll zwölf verschiedene methoden gekannt haben, puls zu nehmen. der heutige arzt verzichtet gänzlich darauf und befragt eine maschine, wenn überhaupt. in der astronomie arbeitete avicenna an ptolemäus' sternenmodell und vermutete, dass die venus der erde näher stehe als die sonne. die astrologie hingegen lehnte er ab, weil ihre brauchbarkeit nicht empirisch nachweisbar und sie mit der islamischen theologie unvereinbar sei. der wissenschaftler zitierte einige passagen aus dem koran, um dieses urteil religiös zu untermauern. offensichtlich litt ibn sina nicht an dem widerstreit zwischen religion und wissenschaft; der philosoph wuchs daran.

seine kommentare zu werken des aristoteles enthielten konstruktive kritik an dessen auffassungen und schufen voraussetzungen für eine neue aristotelesdiskussion. in seinem buch »avicenna und die aristotelische linke«, 1949 in leipzig erschienen, unterteilte ernst bloch die schulen der europäischen philosophiegeschichte in links- und rechts-aristoteliker. die aristotelische linke zeichnete sich nach bloch dadurch aus, dass sie in der frage, ob form oder stoff wichtiger seien, dem stoff eine immer größere rolle zudachten. es ging ihnen, so bloch, um »die aufhebung der göttlichen potenz selber in der aktiven potenzialität der materie«. bei aristoteles ist die form das bewegende und der stoff das passive. die bewegung kommt von außen in den stoff hinein, letztlich durch gott, dem unbewegten beweger. die materie aber ist nur aufnehmend, nur bewegbar. bei ibn sina wird der stoff, die materie, erheblich aufgewertet. damit überhaupt etwas entstehen könne, müsse es im stoff vorgesehen sein. zwar bedürfe der stoff noch eines ursprünglichen impulses von außen, von gott, um wirksam zu werden, doch dann sei der stoff der form vorgeordnet und das eigentlich bewegende. die form wird bei avicenna degradiert zu einer eigenschaft der materie. heute erscheint dieser disput abgehoben und belanglos. doch im spätmittelalter und zu beginn der neuzeit war diese metaphysik ungemein politisch. ernst bloch stellt fest: »kein wunder auch hier, dass die islamische orthodoxie avicenna verfluchte und ihn so in effigie, nämlich in seinen werken verbrannt hat, wie die christliche inquisition den giordano bruno nachher leibhaftig verbrannte.«

natürlich ging avicenna wie aristoteles von der existenz einer seele aus. allerdings entfernte er sich von den vorstellungen der bibel und des korans, da er die wiederauferstehung des leibes bestritt. auferstehen könne nur die seele allein und damit würde sie weder von den leiblichen freuden des himmels, noch von den schrecken des höllenfeuers berührt. während die mittelalterliche kirche den leib nur als hülle der seele betrachtete, war ibn sina insofern materialistisch, als er dem leib ein von der seele unabhängiges eigenleben zubilligte. im duktus von bloch klingt das so: »christlich brannten im jenseits vor allem die schrecken, und die toten marschierten leibhaftig auf, um als fühlende gekocht zu werden. bei avicenna lebt gerade dieses fühlen, als zur tierseele gehörig, nicht fort; so machte das wissen die wissenden damals wenigstens von jenseitiger folterfurcht frei. was der verständige teil der seele nach dem tode noch erfahren sollte, dieses rein geistige unglück oder auch glück, ließ sich nicht mehr für klerikalen einfluss verwenden. es ist kein wunder, dass die herrschaftskirche solche zerstörer ihrer jenseitigen peitsche verfolgte.«

ibn sinas philosophische lehren werden sowohl von westlichen als auch von muslimischen forschern als weiterhin aktuell eingeschätzt. während westliche wissenschaftler ihn jedoch oft als rationalisten in der nachfolge von aristoteles sehen, neigen muslimische forscher eher dazu, ihn als mystiker zu betrachten. sollten wir diesen umstand als nachteilig für einen vollblutwissenschaftler aufassen? sein werdegang belehrt uns eines besseren. er würde wohl augenzwinkernd beiseitesitzen und beide parteien ermutigen.

die frage der logik verwendete avicenna sowohl für islamische philosophie als auch für medizin. in der frage der induktion bzw. deduktion war er gespalten. während er sich in der philosophie auf die deduktion verließ, wendete er in der medizin als einer der ersten die methode der induktion an. damit begründete er eine neuartige wissenschaftliche methode.

zeitlebens war avicenna ein frommer muslim – mit hohen wissenschaftlichen ambitionen. der widerspruch, der erst viel später ausformuliert wurde, beflügelte ihn gar zu neuen thesen, die alle als provokation verstanden wurden. ausgehend von der seelenlehre des aristoteles differenzierte avicenna die drei seelenvermögen weiter aus und ordnete sie der weltseele unter. damit widersprach er vehement zentralen glaubensinhalten, was ihm die feindschaft der islamischen theologen einbrachte. alles, was wir heute über ihn wissen, deutet darauf hin, dass er diese feindschaft als ehrung auffasste. immerhin, er hat sie überlebt. während ich es mir nicht vorstellen kann, dass ibn sina mit seinen ketzerischen gedanken in der islamischen republik irans leben könnte.

avicennas gotteslehre klingt skandalös für orthodoxe ohren. sie erklärt die existenz von übel in der welt überzeugender als die annahme eines personalen gottes, der die menschen für ihre sünden bestraft. die existenz des übels ist damit entmoralisiert; es hat nichts mit den verfehlungen der menschen zu tun. wie die christlichen scholastiker nach ihm versuchte auch ibn sina, die griechische philosophie mit seiner religion, die vernunft mit dem glauben zu verbinden. ein gegenwärtiges unterfangen, an dem gelegentlich auch ein papst scheitert.

die einfache logik »tertium non datur« wird von der geschichte lügen gestraft. der arzt aus buchara suchte stets das verbindende – der kleingeist das trennende. vernunft oder glaube? die mystiker der monotheistischen religionen antworten darauf mit »göttlicher vernunft«. die absurde frage führt zu jener entweder-oder-diagonale, die in der geschichte viel unheil angerichtet hat. wir können bestenfalls von zwei einander ergänzenden wegen sprechen. im 2. jahrhundert nach christus konstatierte der indische denker nagarjuna: »es gibt nur eine falsche sicht: der glaube, meine sicht ist die einzig richtige.« rettet uns die demut nicht auch vor dem dualismus monotheistischer religionen?

doch, was wäre heute aus avicenna geworden? im teheran der islamischen republik wäre er wegen häresie längst hingerichtet worden. die heutigen gotteskrieger handeln rasch, während die theologen zur zeit avicennas sich der diskussion stellten. der politischen realität ausgesetzt, wäre ibn sina weitergewandert. im heutigen jargon wäre er ein flüchtling. von seinem zufluchtsort hätte er dann hinübergeschaut – nach hause. er wäre ein weltbürger ohne eigenes fenster. der verfasser dieser zeilen kennt diesen zustand zu gut. ist er doch mehr als 40 jahre im deutschen exil. inzwischen ein kompositum aus zwei welten. seine heimat bleibt iran – alle sensoren aus der kindheit gebieten ihm das. dieser heimat will er und kann er nicht abschwören. sein zuhause ist deutschland; gastgeberin die deutsche sprache.

in deutschland aber wäre avicennas medizinstudium nicht anerkannt, dann müsste er, wie eine große anzahl seiner kollegen, die hier zuflucht gefunden haben, als taxifahrer arbeiten. dazu müsste er integrationsdeutsch lernen, um in der moschee auf deutsch zu beten – das wünschte sich ein minister.

ibn sina, der fürst der medizin, der stets zwischen dem orient und dem okzident oszillierte und sie auf seine weise miteinander verband, konnte folgende zeilen vom geheimrat aus weimar nicht kennen: »gottes ist der orient! gottes ist der okzident!«

diesem satz goethes fügt der ostwestliche flüchtling seinen profanen hinzu: das niemandsland dazwischen ist unseres. wir können es nur mit liebe befruchten.

ein kind auf der suche nach europa

und das kind meint, ob es bleibe oder gehe, sei nicht
von belang. wichtig allein sei, es merke und bemerke
sein fremdsein – schon allein deswegen wolle es bleiben. es sei schließlich ein unabkömmlicher fremder –
geworden. denn es habe nun sein licht, sein eigenes. es
sagt, es wolle dieses mal, dieses licht, nicht verlieren;
denn dieses kind braucht eine konstante.

wann jenes licht entstanden sei, wisse es nicht. irgendwann sei ihm das licht geschehen. irgendwann
habe jene sprache seine einsamkeit aufgefangen – dann
sei jenes licht aufgetaucht. jenes licht, das seinen weg
seit nun mehr als drei jahrzehnte begleite. ob der weg
das licht hervorgebracht habe? der fremde weiß keine
antwort darauf. er sagt, nunmehr könne er seinen weg

in die fremde nicht finden ohne dieses licht. er wisse, jenes licht habe nichts zu bekennen; es leuchte nur.

er sagt, jenes licht sei unerlässlich für einen, der träumt – mit aufgerissenen augen und einem dritten ohr. dieses habe er in der fremde hinzubekommen und sei dankbar dafür – denn das dritte ohr höre mitunter auch das wehende. er sagt, er sei schlafend hierher getragen worden – nun harre er auf der spitze seiner träume so wie ein vergessenes veilchen dem wind trotzt. er meint, er brauche für diesen balanceakt jenes licht – aber auch jene sprache.

er sagt, jene sprache habe ihm eine bleibe geboten. und er könne sich nicht vorstellen, dass ihn je jene sprache verlasse. sie sei ihm flügel und gebrechen zugleich. und er wisse, jenes licht sei hart, aber wahrhaftiger als die schwüle der vaterländer und wahrhaftiger als das talmi der assimilation. und das kind will das oval der vaterländer meiden und kann den kreis seiner religiosität nicht verlassen (nicht einmal ein ayatollah chomeini konnte sie ihm entwenden) – freilich ohne je einem der gottesverwalter gefront zu haben. und der fremde sagt, vielleicht habe er glück gehabt, dass er seiner heimat entkommen sei. wer weiß, wie sehr er sich dort entfremdet hätte – von sich selbst. dass er fremd geblieben sei. wer weiß, wie verloren er sonst wäre – hier.

er meint, er sei glücklich, weil sein schritt nicht abgeschlossen sei, weil er provisorisch bleibe. und er sagt, er wolle beiden treu bleiben, jenem licht und dieser sprache. seither weilt nun das kind in einem zwischenland – zwischen zwei flüssen. hier der persische, dort der deutsche; jeder stillt einen anderen durst.

im einen, dem persischen, zählt das kind – heute noch. der andere, der deutsche, zählt das kind aus – noch immer. das stumme denken findet auf persisch statt; das dialogische auf deutsch. zuweilen träumt das kind auch von passanten, die nur persisch sprechen, und fragt sich, was diese muttersprache nun sei – eine maske oder eine flucht? im einen fluss schwimmt das kind mit, meist ohne sich bewusst zu sein, dass es schwimmt. im anderen ringt das kind um jedes wort, um nicht zu ertrinken. und die flüsse verwandeln das kind in ein chamäleon, ohne eigene farbe. das zerrissene tier träumt im persischen und wacht im deutschen; obgleich auch diese ordnung ihm längst entglitten ist. das chamäleon glaubt, es kann keinen der

beiden flüsse verlassen – ohne zu verdursten. bisweilen
tobt sich das tier unbändig zwischen den flüssen aus:

analgestörte anarchisten akzeptieren animalische
animierdamen als atomgegner.
aktive analphabeten analysieren amorphe annalen
akkurat.
amoklaufende ayatollahs, asymmetrische asy-
lanten, akkordarbeitende attentäter
affirmieren affinitive annäherungen.
annektierte anrainerstaaten antworten assoziativ
auf akkordeonspielende außenminister.
anthroposophische alligatoren argumentieren als
apathische attrappen.
aufklärerische aasfresser, antisemitische ameisen,
arische außenposten –
abel aber akzeptiert anfasspersonen als anlaufstellen.
austreibungssüchtige assimilierte annullieren
annähernde außenhaut.
ahasver aus anorganischen anlässen arrestiert –
abrupt ausgewiesen.

und das tier genießt die körperhafte geborgenheit einer fremden sprache. oder verdunkelt seine flucht auch diese nähe?

ein innenhof, im süden, unter dem blauen himmel, vor dem schwarzen tuch des fotografen: das kind, in einem plissierten kleid, mit einer sonnenbrille, übergroß und modisch; das licht – hell und ruhig.

ein flughafen im norden, das kind – 15 jahre später – in der hand einen koffer, voller unnützer dinge. das licht: grell und hektisch.

dieses nasse, trübe, dunkle, rasende europa. zwischen diesen bildern taumelt noch immer das kind.

das erste weit entrückt und dennoch vertraut, das zweite nah und dennoch fremd. das kind trägt noch immer etwas von jenem ruhigen licht der kindertage mit sich. Das vertraute licht verwehrt sich der wortwerdung, weigert sich auch zu sterben. wie eine ortlos gewordene liebe, die sich verschiedener stimmen und körper bedient – unbehaust und flüchtig.

das kind taumelt und sucht.

sucht das kind den grund der immer drohenden heimkehr zu berühren? der aber, der traum – doch auch jener innenhof im süden – ist inzwischen verdrängt worden von der zeit – in der abwesenheit des kindes dahingerast. »der norden ist ein ehrliches ding«, lernt das kind von joseph brodsky.

das kind entblößt sich.

es entblößt sich in der hoffnung, der liebe nicht zu entkommen. denn es weiß, das ehrliche ding gehorcht oft nur den geboten der notwendigkeit. was aber sucht das entblößte kind, wenn nicht die heimkehr? heimkehr? in die mittelmäßigkeit? das alte trauma der verbannten? das kind weiß keine antwort, denn es sucht – der liebende fragt nicht. und was widerfährt dem entblößten kind unterwegs, außer einer sprache? genügt denn eine sprache diesem kind, einem narren auf der flucht, der nach verlässlichen eulen fragt, mit einem antiquierten licht in der hand, viele götter neben sich und ein hartnäckiges gedächtnis?

das kind sucht.

mit einem bloßen gedicht? das gedicht als schibboleth für das exil? will das kind mit einer hand voller gedichte das exil überrumpeln und dessen semantik, die die flucht durch einen gedankenstrich ersetzt? das kind schreibt gedichte, um fortzugehen – es hat zu oft abschied genommen, ist zu selten gestorben, um zu bleiben. es schreibt gedichte in einer fremden sprache, um bruchstücke seiner identität zu sammeln. gleicht aber diese identität nicht einem fluch? das kind schreibt gedichte, um herauszubekommen, wohin es mit ihm will. zu jenem licht im süden, in einer rückwärtsgewandten treue? zu den vielen flughäfen des nordens, in einer rasenden hybris? gedichte als probates mittel gegen das ghetto? das kind schreibt gedichte gegen das fremdsein und wird durch seine gedichte fremd. das gedicht, die schmale brücke zur kindheit, ein ort des vergessens – wo die flucht zu ende ist? das kind will fortgehen und will nicht wissen, ob jemand am ziel wartet – es verneint das ziel selbst. das kind entscheidet sich für die bewegung, für die flucht.

geschrei, gebet; gedicht.

aus der schwäche des gebetes – dieser chronischen leidenschaft unserer zeit – entsteht das gedicht. und aus der außenhaut der geschlossenen lider. mit geschlossenen augen auf der suche nach einem licht? ein bleibekuss, bevor die flucht zum fluch wird?

das kind bewegt sich – es hat angst, es verliere sonst seine sprache – , das kind sucht. bis es ein saurier wird – ein weltbürger ohne eigenes fenster. fortan ernährt sich das kind vom dialog. doch von welchem traum zehrt dieser dialog?

das kind erinnert sich mit wollust an seine ersten berührungen mit seinem europa. das kind war vielleicht 14 oder 15 jahre alt, ein halbwüchsiger, der mit einer un-ausgegorenen wut auf die diktatur sich aufmachte, die freiheit zu suchen. »freiheit, die farbe der menschen«, wie louis aragon dieses kostbare gut nannte, das wir nur in europa suchen konnten; hatten wir doch die fanfaren der französischen revolution noch in den ohren: »frei-heit, gleichheit, brüderlichkeit!«

der halbwüchsige brach also auf, auf der suche nach freiheit, auf der suche nach europa. anfang der sechzigerjahre war es gefährlich, in teheran unter der schah-diktatur nach freiheit zu suchen. also suchten wir nach ihren spuren: nach büchern. die werke der iranischen autoren, die von freiheit schrieben, waren verboten – sie selbst saßen in den gefängnissen, sofern sie noch lebten und nicht emigriert waren. also suchten wir nach büchern europäischer schriftsteller. aber auch die europäer waren von der zensur seiner majestät nicht verschont geblieben. so riskierten wir, vom ge-heimdienst beobachtet oder gar festgenommen zu werden, der bücher wegen, die wir suchten – ohne auch nur zu wissen, wo wir suchen sollten. aber die fliegenden buchhändler vor der universität von teheran verstanden ihr handwerk und erkannten die durstigen sucher – auch sie riskierten einiges, weit mehr als wir. ihnen verdanken wir unsere schätze: »die gerechten« von albert camus, »die mauer« von jean-paul sartre, »rot und schwarz« von stendhal, »die lebenden« von jean laffitte, »die mutter« von maxim gorki.

so rannte der halbwüchsige nach hause, albert camus unter dem hemd versteckt, während er den gesamten geheimdienst auf seinen fersen vermutete; kannte er doch einige, die wegen eines dieser bücher bis zu zwei jahren im gefängnis gesessen hatten. zu hause angelangt, fieberte er der abendstunde entgegen, um dann in den schwülen nächten teherans ins bett zu gehen – mit albert camus. nein, mit europa, ja, mit der freiheit selbst. dann las er mit geballter faust seine europäer – und er liebte sein europa.

bald verließ der halbwüchsige seine heimat. endlich! keine zensur mehr! kein verbot! in die arme europas! in den schoß der freiheit! gerade die freiheit und die europäischen freunde jedoch zeigten ihm ein anderes gesicht europas, ein hässliches. er erfährt, dass der geheimdienst seines landes beste beziehungen pflegt zum »intelligence service«, zum »deuxieme bureau«, zum »verfassungsschutz«, die den kollegen in teheran mit spitzelarbeit und informationen zur hand gehen. aber damit nicht genug. er erfährt, dass auch die folterinstrumente aus europa stammen – aus seinem europa! die folterinstrumente, mit denen die schergen des diktators frauen foltern, um sie dann »dreckige europäische huren« zu nennen.

was für ein europa! während es unsere gefolterten – wenn sie entkommen konnten – in seine spezialkliniken aufnimmt und neue verfahren entwickelt, um ihre wunden zu heilen, verkauft es den folterern das handwerkszeug: handschellen, gummiknüppel, elektroschockgeräte! erst giftgas, dann die masken dagegen; nachher den gasspürpanzer und zuletzt die medikamente.

europa, du verkaufst nicht nur alles, du willst auch alles kaufen. und der exilierte liest in deinen zeitungen, wo überall in der welt deine bürger einfallen, die harte währung in den taschen: in zimbabwe zum golfspielen, in peru zum kinderholen, in thailand zum erwerb jungen fleisches, in paraguay zur farmgründung, in indien zum organpflücken. und voller verwunderung bemerkt er, dass du zwei drittel dieser welt »entwicklungsländer« nennst, um ihnen überall zu hilfe eilen zu können – mit dem erfolg, dass diese immer ärmer werden, und du immer reicher. und er fragt sich, ob diese divergenz die logische folge deiner freiheit ist?

deinetwegen, europa, wegen der liebe zu dir, haben wir uns in unserem eigenen volk isoliert; weil wir der jugendliebe die treue hielten, nicht zuletzt, um uns selbst nicht zu verraten. so haben wir dich – aber auch uns – verteidigt, als ayatollah chomeini, dieser falsche messias der barfüßigen, deine kultur verderbt und deine freiheit pornografisch nannte. du aber fielst uns in den rücken: denn deine »freie presse« lieferte für diese thesen des chomeini unfreiwillig den beweis; sie verfiel in hysterie und zog über die sarazenen her.

und der exilierte, inzwischen mehr als ein vierteljahrhundert auf der flucht, in freiheit, ist müde geworden, europa – weil du immer sieger, nie aber freund sein willst. weil du die tagesvernunft gegen den anstand stellst, und gegen brüderlichkeit. nur: dort, wo keine liebe ist, wächst kein verstehen.

und der gealterte flüchtling – nun zu einem zwischending geworden aus zwei welten – liebt und sucht sein europa weiter. und er hofft, dass dieses europa – als kulturraum erst während der zeit der völkerwanderung entstanden – mehr ist als eine finanzschimäre, dass es sich nicht in eine festung verwandelt, sondern ein geschenk bleibt, für alle, die freiheit suchen.

»gottes ist der orient! gottes ist der okzident!« schrieb goethe in seinem ost-westlichen diwan. doch das kind fragt sich, was von jenem orient geblieben ist: ein abziehbild europas aus plastik, wirtschaftlich ruiniert, politisch paralysiert. bestenfalls dient dieser orient dem okzident als atommülllager, als absatzmarkt und als alibi für strafaktionen und kommende kreuzzüge.

das kind ernährt sich noch immer von dialog und weiß inzwischen: voraussetzung für einen dialog ist, dass man schwäche zeigt. die eigene. und dass bei einem dialog zwischen zwei sprachen, zwischen zwei kulturen, das entscheidende oft der gestus ist. aber das abendland – dieser kampfbegriff aus der zeit der kreuzzüge – das abendland, das auch amerika miteinschließt; zeigt es je schwäche?

der gegenwärtige dialog zwischen dem westen und dem islam erinnert das kind an ein gespräch zwischen einem tauben und einem blinden. der eine ist taub, weil saturiert; der andere blind, weil er nur auf sich schaut. der taube produziert, zuweilen auch waffen, der blinde setzt sie ein, zuweilen auch gegen den tauben. aus diesen starren attitüden entsteht dann das schlagwort »kampf der kulturen«. das kind ist überzeugt, dass sich die kulturen immer gegenseitig gestützt haben – auch und gerade in den zeiten des unfriedens. ist osama bin laden ein teil dieses kampfes?

»liebe – und tue, was du willst«, sagt augustinus. wie weit war george w. bush von diesem augustinus entfernt? wie weit vertrat jener präsident überhaupt das christentum? und wie weit jener andere den islam? ein präsident, der »die achse des bösen« erfunden hat – eine formulierung, die von seinem zwillingsbruder stammen könnte – von jenem phantomhaften bin laden, gezüchtet von der cia, gesucht vom fbi. auch er bezieht sich auf einen gott. kann man aber gott lieben und seine geschöpfe hassen?

das kind lehnt die wahl zwischen bush und bin laden ab. die wahl zwischen brot und würde – sie ist nur ein fluch. das kind glaubt, dass die logik des präsidenten, »wer nicht mit uns ist, ist für die terroristen«, eine terroristische logik war. so wie die sprache des einen – »göttliche mission« – sehr an die des anderen erinnert. immerhin hat hollywood einen film über den krieg in afghanistan produziert: rambo 3 – bis die buddhas vor scham versunken sind. der gesamte film wurde in hollywood gedreht und nicht ein einziger afghane spielte mit. das land diente lediglich als kulisse für die actionszenen. ist dies das bild von afghanistan in amerika?

die feinde amerikas waren zu lange nicht sichtbar; nun sind sie im fernsehen präsent – dank ihrer verbrechen. amerikas trauer ist öffentlich – und die trauer der anderen? noch heute sterben im irak infolge der sanktionen täglich 5000 kinder. madeleine albright, ehemalige amerikanische außenministerin, äußerte sich 1996 dazu: »wir halten den preis für angemessen.« ist diese arroganz nicht die mutter jener tat vom 11. september? wie recht der amerikanische romancier norman mailer hatte, als er nach dem anschlag fragte, mit welchem recht glauben wir, dass mc donald's die botschaft der amerikanischen kultur ist?

das kind glaubt nicht, dass bomben und attentate politische probleme lösen können. das kind glaubt nicht an die vergeltung. das kind ist überzeugt, dass eine religion nie menschenfeindlich ist; es sei denn, sie strebe die macht an. wer aber einen feind sucht, der sollte wissen, dass der feind immer der fanatismus ist – besonders, wenn dieser vom hunger geprägt ist. das kind glaubt, unsere antwort könne nur eine gemeinsame suche nach mehr gerechtigkeit sein – nach mehr brot. und das kind ist überzeugt, dass der mensch mehr ist als ein funktionierendes wesen, das nur kauft, um nicht verkauft zu werden, und dass dieser mensch, jenseits von handys und monitoren, etwas anderes braucht und sucht.

das kind kann nicht an eine lineare einheitlichkeit und will nicht an den zwang des dualismus glauben – es sucht das dritte ufer. das kind sucht nach neuen formen für den bericht und weiß, dass jenseits der unklugen vernunft eine neue sprache zu finden sei – dafür aber muss man verletzbar bleiben. das kind will seine verletzbarkeit bewahren, seine schönheit. verlöre es sie, empfände es keine notwendigkeit mehr für den dialog. und das kind glaubt an eine liaison zwischen lei-

denschaft und vernunft – ja, es hofft auf die leiden-
schaftliche vernunft.

das kind sucht mit den in europa erworbenen in-
strumentarien nach seinem europa. und es kommen
noch wanderer von den abgebrannten rändern und behaupten, sie hätten europa gesehen. ihre berichte widersprechen sich, und gerade in diesen widersprüchen
versucht das kind, das konterfei seines verlorenen kon-
tinents zu rekonstruieren. mitunter heißt es in ihren
berichten: europa sei ein alter seelenverkäufer, voller
atommüll, auf der suche nach einem hafen in der dritten welt, um sich zu entladen; zugleich verkaufe er die
menschenrechte. und manche geifern gar, europa sei
ein kleiner aufgedunsener mann, der seinen lebens-
abend als kultivierter menschenfresser friste. er ver-
zehre das fleisch seiner sklaven mit gabel und messer
und betupfe sich nach jedem bissen den mund mit seiner seidenen serviette. hernach verteile er großzügig
glasperlen an die hinterbliebenen der verzehrten. und
einige überraschen mit der botschaft, europa sei ein alter barde, der auf allen jahrmärkten auftrete und ge-
schichten erzähle. doch er erzähle seine geschichte in
einer weise, dass niemand ihn verstehe – vielleicht

habe er sich im laufe der jahrhunderte so weit von sich selbst entfernt, dass er unverständlich geworden sei.

und die, die ständig an die ränder abgedrängt wurden, sagen, europa sei eine siebenzüngige retorten-sirene, deren synthetischer gesang die schiffe der flüchtlinge an die klippen locke. sie ziehe dann weiße handschuhe an und lasse sich von staatlichen fernseh-anstalten filmen. anschließend lasse sie den film in jene gebiete senden, aus denen die flüchtlinge stammen.

und es gibt vorwitzige, die überzeugt sind, europa sei ein verbitterter alter mann im blauen overall mit einem eimer farbe in der hand. er gratwandere an den virtuellen rändern des fortschritts, ziehe eine rote linie zwischen den fronten und achte akribisch darauf, dass niemand seinen fuß über diese linie setze.

und die verwegenen flüstern, europa sei ein mick-riger, griesgrämiger mann, der mit einer lupe in der hand auf den verregneten straßen des nordens umher-ziehe und die hautfarbe der fremden untersuche. er habe angst vor einer durchrassten gesellschaft – unge-achtet der dramatischen schrumpfung der eigenen be-völkerung. und er wisse, dass die bevölkerung der nachbarländer sich vermehre und verjünge – und ziehe daraus seine irrlehre: er befürchte nun einen neuen krieg – den krieg der kulturen.

und das kind, nun seit 37 jahren auf der flucht – auch mit seinen lügen – auf diesem kontinent, behauptet noch immer, es werde hier nicht gebraucht. zuweilen übersieht das kind, wie reich es von diesem kleinstkontinent beschenkt ist: das kind kann hier frei denken, seine gedanken frei äußern und arbeiten. was das kind dort, wo sein zuhause ist – in jener vermeintlichen heimat – nie durfte. und auch nicht darf. und, dieses europa erlaubt ihm gar, nach eigener fasson unglücklich zu sein – eine wohltat für ein gezeichnetes kind. und das kind fragt sich, ob es überhaupt je wieder benötigt wird? und es weigert sich, jenem alten fluch der flüchtlinge zu gehorchen: wer zu lange sucht, findet nichts.

hier bist du gealtert, auf der flucht, hier bist du schön – weil du suchst. doch was du suchst, was du noch immer europa nennst, ist es nicht die summe jener substanziellen schönheiten, die du von deinem europa gelernt hast?

dass gleichheit die brüderlichkeit nicht ausschließt;

dass brüderlichkeit die freiheit bedingt;

dass freiheit immer die freiheit der andersdenkenden ist;

dass die wahrheit keine uniform verträgt und immer neue masken benötigt;

dass ethik weder nationale noch andere grenzen kennt.

und genügt dir nicht, mein freund, was du mit dem herzen gelernt hast? genügt dir nicht der weg, der dich beflügelt, der dich begleitet – bis an die außenhaut der liebe?